Fritz Reuter
Läuschen un Rimels - Teil 1 und 2
Plattdeutsche Gedichte

SEVERUS Verlag

Reuter, Fritz: Läuschen un Rimels - Teil 1 und 2. Plattdeutsche Gedichte. 2017

Neuauflage der Ausgabe von 1853
ISBN: 978-3-95801-555-5

Umschlaggestaltung: SEVERUS Verlag
Satz und Lektorat: Lea Röseler

Bibliografische Information der Deutschen Nationalbibliothek: Die Deutsche Nationalbibliothek verzeichnet diese Publikation in der Deutschen Nationalbibliografie; detaillierte liografische Daten sind im Internet über https://dnb.de abrufbar.

Der SEVERUS Verlag ist ein Imprint der Bedey & Thoms Media GmbH,
Hermannstal 119k, 22119 Hamburg

SEVERUS Verlag, 2017
http://www.severus-verlag.de
Gedruckt in Deutschland
Der SEVERUS Verlag übernimmt keine juristische Verantwortung oder irgendeine Haft für evtl. fehlerhafte Angaben und deren Folgen.

Fritz Reuter

Läuschen un Rimels – Teil 1 und 2
Plattdeutsche Gedichte

MIX
Papier aus verantwortungsvollen Quellen
Paper from responsible sources
FSC® C105338

Inhalt

Vorrede zur ersten Auflage 5
Vorrede zur vierten Auflage 7
De Obserwanz 11
De Kirschbom 14
Wer hett de Fisch Stahlen? 16
De Pird'handel 18
De Bullenwisch 21
De Ihr un de Freud' 23
De Giz 27
De Ümgang mit Damen 29
Adjüs, Herr Leutnant 33
Perdüh 35
Wo is uns' Oß 37
De Köster up de Kindelbir 41
De Preisterwahl 48
Fisematenten 50
De Gedanken tau Pird' 52
Rindfleisch un Plummen 57
Wo büst Du 'rinner kamen? 59
De Wedd 60
De Frigeri 65
De Pird'kur 68
De Schapskur 72
Dat kümmt endlich doch an den Rechten 77
Dat Sößlingsmetz 78
Dat Koffedrinken 82
Moy inrich't 84
De Versorgung 86
Dor hest eins! 87
As Du mi, so ick Di 90
De Tigerjagd 93
Endlich 98
De Hülp 100
De Verwesselung 101
Dat En'n 104

Twei Geschichten ut de Slomsjohren
von minen Fründ Rein… 105
De Karnalljenvagel..105
De Gaus'handel 107
Twei Geschichten von den ollen Kasprati tau Rostock......110
De Gesellschaft..110
Dat Küssen ut Leiw..111
De Koppweihdag'..113
Dat Tausamenleigen 114
Dat Johrmark...118
De gollene Hiring..137
De Stadtreis'..143
De Gesang..146
De blinne Schausterjung'......................................148
De Strick 150
Tru un Glöwen..152
Dat heit ick anführen..154
Wat Einer hett, dat hett 'e 156
Hei möt 'e 'ran..159
De Meckelbörger...164
Twei Geschichten von Junker Korl von Degen...............167
Geschichte Nummero eins....................................167
Geschichte Nummero twei 169
Dat Hunn'nverbott..172
'Ne Aewerraschung...175
De Entschuldigung 178
Dat ännert de Sak..180
De Gedankensün'n 182
Mudder hett ümmer recht....................................183
Dat Ogenverblennen 185
Wat ded'st Du, wenn Du König wirst?................189
Dat Tähnuttrecken 192
De Hasenuhren..195
De russ'schen Rubeln..198
De Unnerscheid...202
Anners möt 't warden 205
An min leiwen Teterower 208
Von den ollen Blüchert 209

Wer 't mag, dei mag 't,
Un wer 't nich mag,
Dei mag't jo woll nich mœgen.

Seinem besten Freunde
Fritz Peters
widmet die nachfolgenden Blätter
zum Andenken an froh verlebte Stunden
der Verfasser.

Vorrede zur ersten Auflage

Wenn jemand unser Zimmer betritt mit der Entschuldigung, dass er so frei sei – und dasselbe verlässt mit der Entschuldigung, dass er so frei gewesen sei –, so mag das immerhin ein Zeugnis für seine gute Lebensart abgeben, unterhaltend wird man es aber nicht finden. So müsste eigentlich ich meinen Lesern gegenüber mich benehmen, ich müsste mich entschuldigen und wieder entschuldigen wegen der Unbedeutenheit meines Stoffes, wegen der Mangelhaftigkeit der Form und, was sonst kein Schriftsteller nötig hat, auch noch wegen der Unbeholfenheit der Sprache. Dies alles würde aber etwas langweilig ausfallen, und, wie gescheit ich auch meine Verteidigung führen möchte, man würde mich doch höchstens nur von der Instanz absolvieren und meine Verbrechen gegen den guten Geschmack nur für den Augenblick mit Stillschweigen übergehen. Meine Gedichte sind nicht wie vornehmer Leute Kinder, mit kleinen Ohren und aristokratischen Händen, geschnürter Taille und zartem Teint in die Welt gesendet worden, die allenthalben rücksichtslos volle Aufnahme finden und sich dafür mit gesetzten, zierlichen Worten bedanken. Nein! sie sind oder sollen sein eine Kongregation kleiner Straßenjungen, die in „roher Gesundheit" lustig über einander purzeln, unbekümmert um ästhetische Situationen, die fröhlichen Angesichts unter Flachshaaren hervorlachen und sich zuweilen mit der Torheit der Welt einen Scherz erlauben. Der Schauplatz ihrer Lust ist nicht das gebohnte Parkett fürstlicher Salons; nicht der farbenglühende Teppich zierlicher Boudoirs; ihre Welt ist der offene Markt, die staubige Heerstraße des Lebens, dort treiben sie sich umher, haschen und jagen sich, treten ernst umherstolzierenden Leuten auf die Zehen, rufen den heimwärtsziehenden Bauern ein Scherzwort zu, verspotten den Büttel, ziehen dem Herrn Amtmann ein schiefes Maul und vergessen die Mütze vor dem Herrn Pastor zu ziehen. Ja, springt und lärmt nur, ihr armen Schelme! Bald wird es aus sein mit eurer Lust, und wenn fremde Leute kommt, wird man euch ziehen und zerren, euch richten und hobeln, man wird eure Ausgelassheit züchtigen; was ihr in aller Unschuld und Natürlichkeit für Scherz hieltet, wird man euch als Grobheit und Rohheit in Anrechnung bringen, und selten werdet ihr jemand finden, der eure Fehler entschuldigt und eure Blöße bedeckt.

Dort kommt die Frau von Hohendunst. – „Ruhig ihr Jungen!" – Frau von Hohendunst betrachtet meine liebe Jugend von ferne mit ihrem Augenglase und wendet sich mit Widerwillen ab: „Pfui! wie garstig! kein einziger auf Höheres deutender Zug, keine auch noch so entfernte Spur von Romantik in den Physiognomien dieser Kanaille." – Herr Blauendunst, Magister artium und Professor eloquentiae: „Ihr ewigen Götter und Du schützende Pallas Athene! Böotischer Brut zahnbrechenden Laut vernehm' ich und dorische Klänge." – Herr Pastor primarius Trübendunst: „Durchbruch nur im äußern Menschen, im Innern eitel Weltlust."

So werden denn nun wohl die Urteile der Welt alias Rezensionen ausfallen; ich bin darauf gefasst und sitze, wie der Perser sagt, auf dem Sofa der Geduld und rauche die Pfeife der Erwartung; und nur ein Fall könnte auf meine Ruhe sehr störend wirken, wenn es nämlich dem Bauern Jochen Pæsel plötzlich in den Sinn käme, mir mit seinem Spazierstocke von Kreuzdorn einen Besuch abzustatten und von mir über die Mitteilung einzelner Vorfälle seines Lebens Rechenschaft zu verlangen; wenn er sich so recht breitspurig und mit Hinweisung auf seinen braunen Begleiter vor mich hinstellte und fragte: „Herr, wat hewwen Sei mit mi un min Fru tau dauhn?" Das, gestehe ich, würde mir unangenehm sein, und um dieser oder ähnlichen Unannehmlichkeiten aus dem Wege zu gehen, erkläre ich, dass ich weder den Bauer Pæsel noch Schulze, Müller, Schmidt, Schröder, noch irgend eine unter meinen kleinen Straßenjungen vorkommende Person gemeint habe, und dass das, was von Lübz erzählt ist, von Teterow gilt, und das aus Teterow Berichtete von Güstrow und so weiter.

Allen meinen guten Freunden einen herzlichen Gruß!

Treptow an der Tollense, den 18. Oktober 1853

F. Reuter

Vorrede zur vierten Auflage

Als meine „Läuschen un Rimels" vor mehreren Jahren in ihrer ersten Auflage erschienen, konnte ich nicht ahnen, dass sie einen größeren Leserkreis sich gewinnen würden; sie waren, wie sie auf anraten von nahestehenden Freunden in den Druck gegeben wurden, und zunächst auch nur für diese, die mich größtenteils nachbarlich umwohnten, so viel als möglich, leicht verständlich zu werden. Ich glaubte dies am besten zu erreichen, wenn ich mit den vorhandenen Schriftzeichen des hochdeutschen Alphabets die plattdeutschen Töne meiner Landschaft nachzubilden suchte und nebenbei zu Gunsten des Auges beim Lesen der hochdeutschen Schreibart in den verwandten Wörtern mich anschlösse, selbst in den Eigentümlichkeiten, die man oft und mit Recht getadelt hat. Ich nahm daher z.B. das dehnende „h" und „e" in meine Orthographie auf. Diese Art der Ausführung ist von Freunden mit nachsichtsvoller Schonung und freundlicher Berücksichtigung der naheliegenden Schwierigkeiten, von Feinden mit großer Strenge und eigensüchtiger Petulanz gerügt worden; ich bin beiden dankbar und habe zu meiner Entschuldigung nur die ursprüngliche Bestimmung dieser Gedichte anzuführen sowie auch, dass ich den plötzlichen Aufschwung einer neuplattdeutschen Literatur bei dem Erscheinen meiner ersten Versuche nicht ahnen konnte.

Gewiss ist das allgemein ausgesprochene Verlangen nach einer durchgreifenden plattdeutschen Orthographie ein durchaus berechtigtes, aber wer nur zwei oder drei neuerschienene, plattdeutsche, literarische Erzeugnisse mit einander vergleichen will, wird die vorläufige Unmöglichkeit einer Vereinigung aller dieser divergierenden Dialekte in dem Brennpunkte einer Schreibart leicht einsehen. Mehr oder weniger hat bisher jeder plattdeutsche Schriftsteller uns in seiner Darstellung nur ein Bild seines engbegrenzten heimatlichen Idioms dargeboten, und wie verschieden diese einzelnen Dialekte sind und sein müssen, wird man leicht einsehen, wenn man bedenkt, dass der plattdeutschen Sprache seit ungefähr zweihundert Jahren das gemeinsame Band einer Schriftsprache mangelt, dass in dieser Zeit die Pflege der Sprache nicht dem gebildeten Teile der Bevölkerung, sondern haupsächlich der arbeitenden Klasse anvertraut war, wodurch allerdings wohl die Naturwüchsigkeit und Originalität erhalten, aber auch Regel- und Geschmacklosigkeit Tür und Tor geöffnet wurde.

Ohne auf Kosten anderer eine offenbare Ungerechtigkeit zu begehen, kann man nun nicht annehmen, dass ein oder der andere niederdeutsche Volkstamm die Pflege der plattdeutschen Sprache mit besonderer Sorgfalt und hervorragendem Glücke geübt habe, und dass die Eigentümlichkeiten und Vorzüge der Sprache in seinem Idiom vorzugsweise zur Anschauung kämen; jeder hat etwas und keiner hat alles. Es ist daher auch ein vergebliches Mühen, wenn ein plattdeutscher Schriftsteller sein Idiom als das vorzüglichere den übrigen Volkstämmen oktroieiren will, wenn er sich an seinen Schreibtisch setzt und aus seinen vielleicht höchst einseitigen Werken allgemeine Regeln für die Sprache aufstellt; mit einem peremtorischen „sic!" ist da nicht geholfen. Eine solche auf der Studierstube gemachte Sprache hat kein Fleisch und Blut, sie hat kein Leben; und könnte ihr die künstlich eingeblasen werden und gäben die übrigen Idiome ihre Rechte einseitig auf, so wär's das größte Unglück für die Sprache, es wäre ein selbsmörderischer Akt zu Gunsten einer höchst zweifelhaften Autorität.

Mit der Verschiedenheit der Idiome hängt die Verschiedenheit der Schreibweise auf's Engste zusammen; jeder Schriftsteller bemüht sich durch die vorhandenen Sprachzeichen, ja durch neuerfundene, dem Klange seines landschaftlichen Dialekts gerecht zu werden, und dadurch wird die geschriebene Sprache noch viel buntscheckiger und unverständlicher als selbst die gesprochene. Ich unterhalte mich mit Leichtigkeit mit einem Westfalen und Ostfriesen, die in jenen Gegenden geschriebenen Bücher aber bieten mir beim Lesen viele Schwierigkeiten dar!

Grammatiken und Lexika können diesem Übelstande nicht abhelfen, denn sie leiden ebenfalls an dem landschaftlichen Partikularismus, und das einzige Lexikon, welches auf alte und neue Sprache und Dialekte Rücksicht nimmt, das Kosegartensche, ist nicht fertig und wird nach seiner Vollendung den Lesern plattdeutscher Schriften wohl Aufschlüsse erteilen, nicht aber den Schriftstellern zu einer gemeinsamen Ausdrucksweise und Schreibart verhelfen können.

Kurz! uns geht es mit unserer neuen plattdeutschen Literatur, wie unseren Stammverwandten, den Engländern, den Amerikanern mit ihrem unterseeischen elektrischen Kabel, das Band ist da, das Kabel spricht auch, aber wir sind zu weit auseinander, um an den Enden der Kette die Sprache zu verstehen; wir haben bei Legung des Kabels den Fehler gemacht, die natürlichen Einflüsse der sich kreuzenden und störenden Idiome nicht in Rechnung zu bringen.

Oder sollte glücklicherweise die Unverständlichkeit nur von einem Riss in der Kette herrühren? Dann wäre die Möglichkeit vorhanden, wenn auch nach manchem Umhersuchen, endlich den Riss zu finden, die Kette aufs neue zu knüpfen und ein Verständnis zu erzielen. Von beiden Ufern aus muss diese Untersuchung eingeleitet werden und mit großer Sorgfalt und ehrlichster Treue. Jeder plattdeutsche Schriftsteller muss von seinem heimischen Gestade Abschied nehmen, das große Sprachkabel sorgfältig verfolgen bis an jenen Riss und dort, so gut es geht, so gut er's versteht, anknüpfen. Der Riss wird leicht zu finden sein. Da, wo die alte plattdeutsche Sprache aufhörte, Schriftsprache zu sein, ist das Band zuerst zerrissen, da muss vernüftigerweise zuerst wieder angeknüpft werden; da könnte man den Knoten schlagen, der alle Dialekte wieder zu einem Ganzen verbände.

Ich meine dies selbstverändlich nicht so, dass die plattdeutschen Schriftsteller mit einem Sprunge wohl oder übel in dem Anfänge des siebenzehnten Jahrhunderts fußen und einer entfernten Zeit die letzten Reste der altplattdeutschen Schriftsprache als allein richtig aufdringen sollen. – Das kann mir nicht einfallen. Zwischen damals und jetzt liegt eine lange Zeit, und diese Zeit hat ihre Rechte, und wenn auch unsere Sprache als Schriftsprache geschlummert hat, so hat sie als gesprochene Sprache nach mannigfacher Richtung fortgebildet, wie dies ja gerade die Verschiedenheit der Dialekte beweist. Wir müssen daher nicht von dem Riss ausgehen, sondern von unseren heimatlichen Ufern aus dahin vogehen, nicht übereilt, weil wir sonst zu rasch unsern nächsten Nachbarn aus den Augen kommen könnten, sondern allmählich; wir müssen das Unwesentliche über Bord werfen und das Zufällige der Aussprache dem Leser überlassen. Auf diese Weise bleibt jedem Dialekte das Tüchtige und Eigentümliche;

aber wir werden uns nähern, weil wir auf konvergierender Fahrt ein Ziel im Auge haben, und werden leichter einer von dem andern das Tüchtige aufnehmen können. Es wird uns dies Opfer zu Gunsten der gemeinsamen Mutter auch nicht schwer werden können; wenigstens lange nicht so schwer, als zu Gunsten einer höchstens gleichberechtigten Schwester.

Wenn sich einer meiner freundlichen Leser die Mühe nehmen und diese Ausgabe mit der vorigen vergleichen will, so wird er finden, dass ich in der oben erwähnten Weise fortgeschritten bin. Es ist dies ein Anfang in meinem Sinne und noch viele Änderungen und Besserungen sind in die Zukunft verschoben; ich wollte allmählich vorschreiten, um meinen nächsten Nachbarn nicht aus den Augen zu kommen. Man wird mir mit Recht viele Inkonsequenzen vorwerfen können, die anderen Dialekte werden mir unter anderem die Beibehaltung der Diphthonge „au" „eu" „ei", die dem Mecklenburger eigentümlich sind, tadeln, und werden sich wundern, dass ich selbige nicht als etwas Unwesentliches über Bord geworfen habe, und so gibt es hundert Dinge, mit welchen man sich nicht einverstanden erklären wird. Es schadet dem vorläufig nicht; ich bin auf gutem Wege, denn ich liebe meine Sprache mehr, als meinen Dialekt.

Dass die Veränderung der Orthographie und des Ausdrucks in dieser Auflage in bedeutender Weise das Versmaß und den Reim alterieren und daher eine sehr durchgreifende Überarbeitung veranlassen mußte, liegt auf der Hand. Ich habe mich derselben mit Gewissenhaftigkeit unterzogen und würde mich freuen, wenn man einen Fortschritt in dieser Ausgabe erkennen könnte; eine größere Freude aber würde es für mich sein, wenn von Seiten anderer plattdeutscher Schriftsteller ein ähnlicher Weg betreten würde, um mit der Zeit zu einem gemeinsamen Verständnis zu gelangen.

Neubrandenburg, den 9. Juli 1859

Fritz Reuter

De Obserwanz

„Gu'n Morgen! Vadder Schult, ick kam heran,
Mi geiht 'ne Sak in minen Kopp herümmer,
Worut ick keinen Vers mi maken kann;
Je mihr ick doran denk, je dümmer
Un dæmlicher ward mi in minen Kopp.
Ick kam also tau Di un frag' Di, ob
Du mi nich seggen kænen dauhen deihst,
Wat unner Obserwanz Du woll versteihst.
De Amtmann hett mi dat entfahmte Wurt
Uns gistern ümmer 'rümmer tart
Un mi un minen Nahwer Kurt
Dat Geld ut uns're Taschen nart."
„Je, Obserwanz, Gevadder Schröder,
Dat is en Wurt, süh, dat versteiht nich Jeder,
Dat is en schrecklich sweres Wurt,
En ekliches, entfahmtes Wurt,
Un ick glöw nich, dat hir in unsen Urt
En Einziger dat ganz genau
Di seggen kann, ick trug' dat Keinen tau;
Denn sülwsten ick, dei doch so Veles weit,
Weit mit de Obserwanz nicht recht Bescheid.
Indessen, wenn ick ok nich Allens utstudirt,
So kann ick doch up allen Fällen
En lustig Stückschen Di vertellen,
Wat mi in mine Jugend is passirt,
Un wat mit Obserwanz hett wat tau dauhn.

Na! dat was dortaumalen, weist De,
As wi noch hadden unsen ollen Preister. –
Gott lat den ollen Mann jitzt selig rauhn!
Hei was en gauden Preister, tru un iwrig,

Doch up dat Nemen was hei 'n beten gipprig,
Un 'n beten hürt hei tau de Nägenklauken. –
Na! unse Buren wiren 't dormals so gewennt,
Dat sei den Preister, wenn dat Johr sick en'nt,
Tau Wihnacht schenkten einen Kauken,
Mit Zucker æwerstreut, so vel dor wull up hacken; –
Min Mudder müßt em ümmer backen. –
Min Vader un noch Ein, de güngen denn
In ehren Sünndagstat von wegen
Dat ganze Dörp nah unsen Paster hen
Un ick, ick müßt den Kauken ümmer drägen. –
Na, einmal was dat wedder an de Tid –
Ick weit dat noch, as wir dat hüt –
Dunn güng dat wedder nah dat Preisterhus.
Min Vader makt en schönen Gruß
Un makt 'ne wunderschöne Red'. –
Ick weit jüst nich mihr, wat hei säd',
Doch prächtig was sin Prat gewiß,
Den'n hei em makt. Wo hadd de Preister süs
So fründlich lacht? Hei drünk jüst Kaffee
Un stippt en drögen Semmel in. –
Denn Dunner! Na! wat was hei swin'n
Von sinen ollen Sopha 'raffe!
„Oh," säd 'e un rew sick de Hän'n
Un bört de Salwejett tau Höcht,
„Min leiwen Frün'n! dit is am En'n
So 'n wunderschönen Kauken wedder,
As Ji vergangen Johr mir bröcht.
Na, set't Jug doch en beten nedder!"
Un dunn halt hei Poppir un Fedder
Un fängt dor an wat uptauschriwen.
Ih, denkt min Oll, wat mag hei dor bedriwen?
Un wil hei schrewen Schrift gaud lesen künn,
Kek hei den Preister up de Knæwel,
Wat in de Schrift woll schrewen stünn.
„Min leiw Herr Paster, nemen S' nich för æwel –
Dat is man, dat ick dornah frag' –

Wat heww'n Sei in de Schrift dor schrewen?"
„Mein lieber Schulze, nichts, gar nichts; ich trag'
Das Datum mir ein bischen ein,
An welchem Sie den Kuchen mir gegeben.
Es würde sonst vergessen sein,
Und ist nur um die Obserwanz.
Ihr könnt es selber lesen, seht, hier! hier steht's:
Die Bauern waren heute hier und brachten
Mir wieder einen Kuchen zu Weihnachten."
„Hm!" brummt de Oll un kratzt sick in den Dæts
Un grint den Preister as en Pingstoß an,
„Min leiw Herr Paster, oh, denn schriwen S' man
Dor achter Ehren Satz noch dit:
Die Bauern brachten ihn mir woll,
Doch nahmen sie ihn wieder mit.
Un nu adjüs, Herr Paster!" seggt de Oll
Un packt den Kauken in. – „Holt!" röppt de Preister, „sacht!
Wat heit denn dat? Wo so? Woans?"
„Ih, Herr," seggt unse Oll un lacht,
„Dat is man üm de Obserwanz!"

De Kirschbom

In Rittermannshagen, dor was mal en Mann,
Dei läd' sick woll hen, üm tau starwen,
Un wil nu doch Keiner wat wat mitnemen kann,
So let hei sin Kinner dat arwen.

So deilt hei sin Hus un sin Hof un sin Feld
Tau gliken Deil för sin Döchter.
„Ok kriggt nu en Jeder von Jug glikes Geld
Un de Hälft' von den Goren," so seggt er.

Un kum, dat de Oll verstorwen nu was
Un was in Freden begrawen,
Dunn rasten de Beiden mit Hast un mit Haß
Dat Arwdeil tausam, as de Raben.

Dat Geld, dat würd deilt, un de Hofstäd' dortau,
Un Kein' von de Beid' was taufreden;
Un as sei sick deilten den Goren genau,
Dunn heww'n sei sick gruglichen streden.

In den middelsten Stig würd en Kirschbom sin,
Nich rechtsch un nich linksch stunn hei 'ranner.
„Dat 's min!" säd de Öllst," de Kirschbom is min,"
„Du büst woll nich klauk," säd' de Anner.

Un as nu de Kirschen rip wiren binah,
Dunn wull ok de Öllst sei sick austen.
„Herut ut de Bom! Herunner Ick slah!"
Rep de Jüngst." Dat sall Di wat hausten!"

Sei schüllen sick 'rüm un sei fohrten tausam
Un kratzten sick af de Gesichter,
Sei slogen sick krumm un sei slogen sick lahm
Un lepen tauletzt nah den Richter.

De Kirschbom, dei bläuht, de Kirschbom, dei drog,
De Avvekaten, dei kemen;
Dat Frugensvolk jöhrlich sick wedder slog,
Denn kein von ehr wull sick bequemen.

De Kirschbom, dei bläuht, de Kirschbom, dei drog,
Un jöhrlich gaww't en getagel,
Un wil dat Eine de Anner slog,
Vertehrten de Kirschen de Vagel.

Dat Hus, dat is hen, n de Arwschaft verdahn,
Üm Geld un Gaud sünd sei 'rümmer;
De Kirschbom is lang' all verdrögt un vergahn,
De Strid æwerst wohret noch ümmer.

Wer hett de Fisch Stahlen?

Ut unsen Dik dor wiren Fisch eins stahlen.
En Jung', dei 's Abends späd de Fahlen
In ehre Koppel bröcht, dei hadd taufäffig grad'
Drei Kirls seihn, dei mit 'ne Wad'
Bi't Fischlock wiren;
Ok hadd hei sei sick näumen hüren.
Doch „Korl" un „Krischan" un „Jehann",
Dat sünd so'n Namen, dei führt Jedermann.
Indessen was't doch wat,
Un endlich kamm't ok 'ruter, dat
Sei alle Drei ut unsen Dörpen wiren.
Dunn heit dat denn: kein Tid verliren;
Un all de Korls un all de Krischans un
All de Jehanns, dei würden ingespun'nt.
Na, dat was gaud; de Amtmann kreg sei vör,
Hei frog sei in de Krüz un Quer;
De Kirls, dei logen as gedruckt.
Nu würd ehr eklich upgespuckt,
Un as de Amtmann glöwt, nu wiren s' mör,
Dunn kreg hei sei von Frischen vör.
Je Kuchen! unse Kirls, dei logen,
Dat sick de Balken dorvon bogen.
De Amtmann lep de Stuw woll up un dal,
De Amtmann kratzt sick achter'e Uhren;
De Sak, dei würd em ganz fatal,
Hei künn de Kirls nich beluren.
Hei schow sin Brill woll up un nedder,
Kek denn in sine Acten wedder,
Kek in de allerdicksten Bäuker,
Hei würd ok nich en Beten kläuker;
Un't wull dörchut em nich gelingen,

Von ehr de Worheit 'rut tau bringen.
Hal Jug verfluchten Kirls de Deuker! –
In sine Noth güng hei taum Letzten
Un frog üm Rath bi sinen Vörgesetzten. –
„Mein lieber Freund, Sie haben Ihre Sache
Nicht gut gemacht, Sie müssen's anders machen.
Oh, gah mal Einer hen un raup man
De Kirls hir mal 'rin," säd' de Amtshauptmann.
De Kirls kemen 'rin. „Na, hürt mal," säd' de Oll,
„Ick bün Amtshauptmann hir, Ji kennt mi woll.
Ji Slüngels staht hir vör Gericht,
Ji staht hir vör Amtshauptmann Wewern!"
Un dorbi makt hei so'n vergritzt Gesicht,
Dat all de Kirls fung'n an tau bewern.
„Nu paßt mal up un hürt mal tau!
Un dauht, wat ick Jug heiten dauh:
Dei stahlen hewwen, bliwwen stahn,
De Annern kænnen 'ruter gahn." –
Twei güngen 'rut, drei blewen stahn.
„Ja, Herr Amtshauptmann, ja, wi drei, wi hewwen't dahn!"

De Pird'handel

En Preister hadd enmal en Pird,
En schönen, brunen Bläßten wir't!
Doch stunn hei nich mihr up sin Pal
Un hadd en beten Spatt un wat von Schal.
Dat hadd em jüst nu noch so vel nich dahn,
Doch wat de Hauptsak was bit't olle Dirt,
Hei was tau vel tau Faut all gahn.
„Vör'n Schinner is hei noch tau gaud,"
Seggt tau den Preister Jehann Haut,
„Wi will'n em irst noch düchtig 'ruter bækern
Un up en Mark em denn verhækern.
Un as nu Hans is fett un glatt,
Dunn führt de Preister nah de Stadt,
Un durt nich lang', dunn bütt en Handelsmann
Vir Luggedur för Preister-Hanßen an
Un einen Daler Halftergeld.
Na, endlich kümmt de Handel t'recht.
De Preister geiht nu 'rüm un söcht un söcht
En anner Pird, wat beter geföllt.
Hei söcht un söcht: De Ein is em tau lütt,
Un den'n sin Farw is em nich mit,
Dei hett dat Spatt un dei hett Gallen,
De Anner kann em ok nicht recht gefallen,
De Brun, dei ward en Krübbensetter sin,
De Voß is dæmlich ganz gewiß,
De Swart is in de Flanken em tau dünn,
Un dei un dei, dei hewwen keinen Bliß,
Un einen Bläßten süll dat doch nu sin;
Denn wenn hei 'n beten statsch wull führen,
Den müßt hei mit den Annern doch calüren. –
Na, mitdewil dunn würd dat düstre Nacht,

Taum Handel was't binah tau späd,
Un as de Preister d'ræwer nah hett dacht,
Wo hei 'ne Mähr kreg, kamm en Jud' un säd':
„Wiß un wohrhaftig, straf mi Gott, Herr Paster!
Ick heww en Wallach, dat's en Pird:
Dei's unner Bräuder dusend wirth,
Den'n kepen Sei, un paßt er
Sei nich, denn will ick in de Ird' hir sinken,
Denn will 'ck verswarzen ganz un gor,
Denn fret 'ck em up mit Hut un Hor
Un will en ganzen Sod dortau utdrinken.
Dat is en Wallach! segg ick, ut en grot Gestüt;
Hei is von vornehmes Geblüt
Un hett enmal den Grafen Hahnen hürt.
Un hett vir extraweiße Hinterfüß',
Un an den Kopp en schenen Bliß.
Ick segg Se, ne! dat is en Pird,
Dat liksterwelt mit Ehre Staut calürt.
Un wissen Se, was das vor Ener is,
So Ener is't, dor kæn'n Se kamen!"
Un denn bet hei de Tähn tausamen
Un nörxt un gnuckert mit den Kopp,
As hadd hei 'n Tom in 't Mul, un makt so'n Mirken,
As wenn de Kinner spelen Hottepirken.
De Paster güng nu nah den Stall,
De Jud', de halte 'ne Latern
Un wull den Brunen 'ruter ledd'n;
Doch wil dat doch tau düster all,
So seggt de Paster: „Lassen Sie ihn stehen.
Wie alt ist denn das Pferd?"
„Fiw Johr! Wiß und wohrhaftig! Seihn Se nah de Tähn.
Fiw Johr is hei, un süll hei öller sin,
So will 'ck..." röppt de Jud' un swört
Sick glik drei Klafter nah de Ird' herin.
De Preister, den'n de Brun geföllt,
Wil hei en Bliß un witte Beinen hett,
Ward Handels eins up dörtig Pistolett

Un noch drei Daler Halftergeld.
Hei lett den Brunen glik anspannen,
Wil em dat schir all düster ward,
Un führt mit sinen Kop vergnäugt von dannen. –
Knapp sünd sei ut den Dur heruter kart,
Seggt hei tau sinen Knecht: „Johann,
Wie geht das Pferd, wie stellt's sich an?"
„Dat Pird, Herr Paster, schint mi recht verstännig;
Hei 's still un fram un nich unbännig
Und schint recht ruhig von Natur;
Dat is en schönen Brunen, Herr Pastur."
Nah ein'ge Tid, dunn fängt de Preister wedder an:
„Wie geht das neue Pferd, Johann?"
„Ick dank', Herr Paster; oh, hei geiht recht gaud,"
Seggt tau den Preister Jehann Haut.
„Irst wull de Anner in den Landweg bögen,
Doch unse nige Brun, dei ded' sick gor nicht rögen,
Hei höll den Annern in den richt'gen Weg;
Ick glöw, Herr Paster, un ick segg,
Hei is hir in de Gegend all bekannt."
„Ih," säd' de Paster, „das wär' ja scharmant!" –
Na, kort, de Mähren güngen so tausamen,
As wiren s' up de Welt as Twäschen kamen;
Doch as se kemen an dat Flag,
Wo üm den ollen Klewerslag
De Weg sick sick rechtsch nah't Dörp herunner swenkt,
Un wo de Weg sick twält, dunn lenkt
De Brun von sülwsten in den Nebenweg.
„Ih, dit's doch narschen! Na, ick segg!"
Röppt Jehann Haut, „dit nimmt mi Wunner,"
Un is mit einem Satz von sinen Sitz herunner
Un stellt sick bi den Brunen hen un kickt em an.
„Was machst Du da? was wills Du denn, Johann?"
„Ick will mi blot dat Dirt genau beseihn,
Un weiten S' wat, Herr Paster, wat ick mein'?
Wi hewwen makt en schön Geschäft,
Wi heww'n den ollen Brunen wedder köfft."

De Bullenwisch

„Ick lid'dat nich, Gevadder Dreier,"
Seggt de Stadtspreker Snider Meier,
„Wenn hüt de Bürgermeister Lisch
Will wedder pachten unse Bullenwisch;
Ick slah ganz patzig vör em up den Disch.
Dat geiht jo rein ut Rand un Band!
Fiw Daler? – un dat man Courant?"
Sei güngen taum Termin.
Hir stunn de Herr Burmeister Lisch,
As wir de Bullenwisch all sin,
Ganz ruhig achter'n gräunen Disch,
Set't sick de Brill up sine Näsen,
Üm de Bedingung af tau lesen.
Dunn sprok hei so: „Min leiwen Frün'n,
Ick dauh binah 'ne wohre Sün'n
An Fru un Kind, wenn ick up't Frisch
För't negste Johr mi pacht de Bullenwisch,
Fiw Daler! för so'n sures Fauder!
Fiw Daler! – Ja! un wir't min liflich Brauder,
Un wir't uns' Herrgott sülwst in'n Hewen,
Ick künn nich mihr för so 'ne Wisch em gewen.
Indessen as Burmeister von de Stadt
Will ick up't Frisch en Hart mi Faten
Un will mi hüt nich lumpen laten,
Ick will de Wisch mi wedder meiden
Un will fiw Daler wedder beiden.
Also! – Fiw Daler beid' ick an!
Fiw Daler! – Wer hütt wider?"
„Un noch acht Gröschen," säd' de Snider.
De Herr Burmeister denkt, hei hett sick man verhürt;
Ganz argerlich, dat Ein em stürt,

Schriggt hei noch drister as vörher:
„Fünf Thaler! sag' ich. Wer giebt mehr?"
Un süh! de ßackermentsche Snider
Bütt noch mit sößteihn Gröschen wider.
De Herr Burmeister richt't sick hoch in En'n,
Leggt æwer sin Ogen beide Hän'n,
Dormit hei beter kiken künn,
Un kickt dorhen, wo unse Snider stünn.
Den Snider bewt dat Hart in sinen Liw,
De Herr Burmeister bütt noch mal sin „fiw",
Gevadder Dreier stött den Snider an:
„Lat Di nich lumpen, Vaddermann!"
„Söß Daler!" röppt de Snider, „gew ick Meid'!"
Doch uns' Burmeister, rasch entslaten,
Will sick de Wisch nich nehmen laten:
„Wat is dat denn för 'n dæmliches Gebeid'? –
Fiw Daler! – Wat sall dat bedüden?
Taum irsten, annern un taum drüdden!"
Pautz! sleit hei up den Disch:
„Min is de Bullenwisch!"

De Ihr un de Freud'

Na, Vadder, as ick Di so 'n Jung'noch was,
Dunn hadd ick mal en ganz captalen Spaß.
Ick was so gegen föfteihn Johren,
Min Vader wahnte dunn in Wohren
Bi einen Schauster in, mit Namen Bull.
Dei hadd 'ne Dochter, dei heit Fiken.
De Dirn hadd nahrens ehres Gliken,
Un hadd denn ehren Kopp so vull
Von Bäukerkram un von Romanen,
Dat sei tau nicks tau bruken was. –
Fik Bullen ded' nicks Slimmes ahnen,
Dat ick up ehr gaww ümmer Paß,
Wenn sei bald hir, bald dor, so as sick't funn,
Mit einem Kirl tausamen stunn.
De Kirl, dei was, as mi bekannt,
Von Profeschon en Kemediant;
Un as noch Keiner doran dacht,
Dunn was uns' Fiken in 'ne schöne Nacht
Mit dissen Kirl taum Deuwel gahn.
De Oll fung an nu Rad tau slahn.
Doch Fiken was nu einmal flügg,
Un Fluchen bröcht sei nich taurügg, –
Kum was en halwes Johr vergahn,
Dunn würd alle Ecken slahn,
Wo man en Zettel hacken künn,
Dor sall 'ne grot Kemedi sin;
Un Fiken was 'e ok mit bi.
Na, hür mal, Vaddermann! nu kannst Du Di
Den ollen Schauster Bullen denken:
Bi em wull schir sick wat verrenken.
Doch durt't nich lang', dunn kam de Ein,

Dei stellt em vör, dat wir sin Fleisch un Bein;
Dunn kamm en annern gauden Fründ,
Dei stellt em vör, dat wir sin einzigst Kind,
Hei süll doch man Vernunft annemen,
Un endlich ded' de Schauster sick bequemen,
Un ännert gänzlich sinen Sinn.
Un gung ok sülwst nah de Kamedi 'rin. –
Ick hadd mi dat Kinnermäken
Von den Burmeister 'rinner sleken
Un sach den Schauster; vören stunn 'e,
Un vör em hung en wittes Laken 'runne,
Un vör dat Laken satt oll Zoch,
De Stadtmuskant, ick seih em noch.
Un bi em satten sine Jungens neben
Un fidelten ut Leibesleben.
Wo towten s' mit de Fidelbagen! –
Dunn würd dat Laken 'rupper tagen,
Un dunn güng 't los, hest Du mi nich geseihn. –
Tauirst kamm Einer ganz allein,
Dei red't un ded' un makt sin Sak,
Doch wull dat noch nich recht mit sine Sprak,
Hei red't man en beten eben,
Doch as de Tweite kamm, dunn gaww 't en Lewen,
So stellten sei sick hen un wirkten un handtirten,
Dat wi uns altausam verfirten,
Mi würd tau Maud, as hadd ick 't Fewer,
Ick kreg't mit Hitz un denn mit Frost
Un dörch dat ganze Lif kreg ick den Bewer,
De Ein, de slog sick vör de Bost,
De Anner slog sick vör de Mag' –
Dat was en Wirken un Geslag'! –
Un ümmer düller güng dat furt.
Doch hett dat gor so lang' nich durt,
Dunn kamm de Drüdd, dit was ehr Mäter,
Dei künn dit noch en beten beter.
Na, hür! ick segg Di, Vadder Jochen,
Wat makt de Kirl för glupsche Ogen!

So gung de Kirl Di up de Annern in,
As sühst mi woll, as müßt 't so sin.
So höll hei sine Fust ehr unn're Näsen!
Mi würd wohrhaftig orndlich gräsen.
Nu gung dat los, nu gaww dat en Spektakel,
Un schellen deden s' sick, as 't düllste Takel.
„Sei slagen sick," denk ick, „der Deuwel hal!" –
Dunn föllt mir eins dat Laken dal. –
So was den dat vörbi mit Slagen;
Oll Zoch grep nah den Fidelbagen,
De Jung's, de fidelten dortau,
Un Allens was en gaude Rauh. –
De Sak, de was nah minen Sinn;
Ick steg nu nah 'ne Bänk herup,
Dormit ick beter seihen künn. –
Taum tweiten Mal gung nu dat Laken 'rup.
Na, de Geschicht, dei gung von vören an:
Irst kamm de Ein, dunn kamm de tweite Mann,
Dunn gung de Irste wedder furt,
Dunn kamm de Tweite an dat Wurt,
Dunn gung de Tweit, dunn kamm de Drüdde wedder:
Ümschichtig ümmer, ümmer up un nedder.
Na, æwerst dunn mit einenmal,
As ick so denken dauh: „Nu föllt dat Laken dal,"
Wil sei sick wedder schändlich schullen,
Dunn kümmt herinner Fiken Bullen,
Vel hübscher, as sei was, vel netter
Un ogenschinlich vel cumpletter. –
„Wo sick dat Dirt verstellen kann!"
So denk ick, doch dunn fängt sei an.
So pedd't sei up, as hest mi nich geseihn,
As güngen Twei up ehr twei Bein,
So red't s' un ded' s', so fung sei an tau rohren,
As wir sei gor nich her ut Wohren.
So schreg dat Minsch, so gung s' tau Kihr,
So ret dat Dirt sick in de Horen,
As wenn sei gor nich Fiken Bullen wir.

Verlangs smet sei sick up de Ird',
„Oh Vater," schreg s' „verzeihe mir!" –
Dat was en stück! ick segg Di, Jochen!
Oll Schauster Bull, dei drögt sick sine Ogen,
Fat't sick en Hart, sprung nah ehr 'rup,
Stödd Zochen un de Lampen 'run,
Un as hei bi sin Fiken stunn,
Bört hei sei ut den Kneifall up:
„Min Döchting, nicks hir von Vergewen!
An Di kann ick blot Ihr un Freud'erlewen!"

De Giz

„Jung'", säd' de Oll, „dat kann nich ewig wohren,
Du büst nu ok all in de Johren,
In uns're Schaul kannst ok nich wat mihr lihren,
De Preister sall di kunfirmiren,
Un wenn Du Di denn schickst in allen Gäuden,
Denn sallst Du nahsten häuden."
Na, wenn de Oll wat säd', denn hülp kein Reden;
Ick müßt nu also hen taum Beden.
Uns' Paster was en klauken Mann;
Hei sach 't mi glik an mine Ogen an,
Dat ick man 'n beten düsig wir,
Un dat ick öfter up de Pird',
As up de Bänken in de Schaul hadd reden.
Indessen gung de Sak vel beter as ick dacht:
Ick namm mi hellischen in Acht
Un lihrt den Katekismus un de Bibel
Un lihrt de grote Waterfrag'.
De Preister säd': „Mein Sohn, nicht übel!
Wenn Du so bei bleibst, kommst Du nach." –
Binah was ick all Primus, as sei 't nen'n,
Un æwer mi, dor stunnen man noch drei.
Doch jedes Ding, dat hett en En'n;
'Ne Wust hett sogor twei.
De Preister kamm mal nah de Stuw herinner
Un säd' tau uns: „Min leiwen Kinner,
Was ist das das für ein Mensch, der immer
Sich weidet an des Goldes Schimmer
Un an den eitlen Mammons-Gaben;
Der gierig ist, noch mehr zu haben,
Der immerfort sein Hab' und Gut vermehrt
Und Schätze sammelt, die der Rost verzehrt?

Wie nennt man einen solchen Mann?"
Hir stunn hei up un wen'nt sick an
Stin Durtig Hannemanns ut Golchen.
„Mein libes Kind, wie nennt man einen Solchen?
'N Gei… 'N Gei…?" Doch Durtig, dei blew stumm.
Herr Je! wat is de Dirn doch dumm!
So dacht ick, un ick plinkt ganz schlau
Den Preister mit de Ogen tau.
Hei würd 't gewohr un red't mi an:
„Na, Du mein Sohn! was ist das für ein Mann,
Der fröhnet so verruchtem Laster?
'N Gei… 'N Gei…?" – – – „'N Geistlichen, Herr Paster."

De Ümgang mit Damen

Schriwerbengels, dat is wiß,
Dei sünd unplumpsch von Natur,
Wat son 'n rechten Schriwer is,
Dat 's 'ne grawe Creatur.

Utnam' mak ick girn mit Freuden,
Un nich ümmer paßt de Fall!
Männigein, dei is bescheiden;
Un ick mein sei ok nich all.

Ne, ick mein de Grotmulsprekers,
Mein de rechten, echten Sloms,
Mein de rechten, echten Brekers;
För gewöhnlich heiten s' „Stroms".

Wenn de' Ort so up 'n Hof is,
Ach wat sünd sei denn so dünn!
Wenn de Herr man 'n beten groww is,
Krupen s' nah en Muslock 'rin.

Ach, wo Männigein hett seten
An 'n Bedeintendisch un et,
Ebenso as 't Stubenmäten,
Wat de Herrschaft æwrig let.

Wenn hei æwerst den einmalen
Kümmt tau Stadt 'rin, na, denn geiht't
Grad', as wenn so 'n jöhrig Fahlen
Vörn un hinnen utslahn deiht.

„Süh dor, Brauder, büst Du hir?
Is de Voß dor buten Din? –
Heda! hir! Markür! Markür!
Bring' mi mal 'ne Buddel Win."

Mit de Dalers smiten s' 'rümmer
Grad' as wir dat Geld man Dreck,
Un „Markür!" so geiht dat ümmer,
Un „Markür!" in Einem weg.

„Bräuding, kumm, nu will w' mal danzen!
Hir is baben hüt en Ball.
Will'n de Dirns mal 'rümkuranzen,
Dat ehr glik dat Weder sall!"

In den Saal dor kamen s' 'rinner:
(Ach, wo nüdlich büst Du, Strom!)
„Na, Muskant, geswin'n, geswinner!
Dat geiht jüst, as en Drom."

Wenn sei sick 'ne Dam' denn halen,
Sünd sei zierlich as en Oß;
Führen sei den Saal hendalen,
Jüst, as ledd'ten s' ehren Voß.

Sei schenir'n sick nich en Happen,
Ehr gehürt de ganze Saal,
Un sei springen 'rüm trappen,
Talpsen ümmer up un dal.

In sin Fett is nu en Jeder:
„Brauder, hüt danz ick mi dod!"
Pedden de Damen up de Kleder,
Geiten Win ehr in den Schot.

„Kumm, wi will'n mal drinken, Brauder!
Un Champagne möt dat sin.

Un Markür! wat giwwt för Fauder?
Bring' mal 'n gauden Arm vull 'rin.

Na, nu, Brauder, will'n wi supen! –
Giww mi mal de Ahntenbrad' –
Bet wi nich mihr kænen krupen,
Bet wi nich mihr sitten grad."

Ja! un Prügel möt 't noch gewen,
Ogen, Puckel, brun un swart,
Ball ahn Prügel is kein Lewen,
Is grad', as en Hund ahn Start."

***

Doch, as ick segg, so sünd s' nich all.
De Weck, de weiten up den Ball
Un ok in allen annern Fällen
Sick uterordlich fin tau nemen,
Dei bruken nahrens sick tau schämen.
Un so 'n Geschicht will ick Jug jitzt vertellen. –
Ick hadd mal einen Strom, en rechten finen,
De red't anners, as: „zu dienen,"
Un denn ok mal: „ich danke Ihnen,"
Un wenn hei so recht höflich wesen wull,
Säd' hei tau mi: „Heww'n S' doch de Ihr, Herr Krull!" –
Na, desen Strom, den'n müßt dat mal mallüren,
Dat hei sick müßt mit min Mamsell vertüren
Un 't müßt em so unglücklich gahn,
Dat hei sin Finheit ganz verget
Un up dat Mäten anfung lostauslahn,
Bet ick sei utenanner ret. –
Na, de Mamsell, de lep nu nah 't Gericht:
„Hei slog mi æwer 'n Puckel, æwern 'n Bregen,
Un 'n Stück'ner drütteihn heww ick kregen,"
So flöt sei ehre Klag'geschicht.
De Amtmann ded' nu minen Strömung fragen:
„Mein lieber Herr, Sie sind verklagt,

Die Wirthschaftsmamsell Müller sagt,
Sie hätten schändlich sie geschlagen
Und dreizehn Hiebe ihr gegeben,
Ich frag' Sie nun, ob solches Sie gethan?"
„Herr Amtmann, ne! dat nenn' ick æwerdrewen,
Dat nenn'ick utgestunk'ne Lægen!
Doch drütteihn? Ne! Söß hett s' man kregen,
Ick weit mit Damens ümtaugahn."

Adjüs, Herr Leutnant

In Ludwigslust stunn bi de Grenadir
Einmal en Leutnant, Herr von Fink.
Dat was en wohres Krætending,
Obglik de Kirl man kes'hoch wir.
Na, dei let mal Rekruten inexiren
Un let sei rechtsch un linksch marschiren.
Dat Ding sprung allentwegen 'rümmer,
Un schreg un kummandirte ümmer,
Un makt dorbi so 'n dullen Larm
Un smet un fuchtelt mit de Arm,
Ja, liksterwelt grad' as so'n Hampelmann,
Un Jeden snautzt dat Dingschen an.
Un „Rechten, Linken, Speck und Schinken,
Donnerwetter! Eins, zwei, eins zwei,
Stroh und Heu, Stroh und Heu!
Werft die Bein' und reckt die Glieder,
Absatz hoch und Spitzen nieder!"
So schreg dat Ding un kummandirt,
Dat Ein sin eigen Wurt nich hürt.
Un as hei mit de Hauptsak farig was,
Namm hei den einen Kirl sick noch apart
Un slog „mit großer Geistesgegenwart"
Den dumm Bengel helsch verdwas
Mit dat Gefäß von sinen Degen
Bald unner 't Kinn, bald up den Bregen.
De Kirl was en groten Bengel,
So lang un dünn, jüst as en Pumpenswengel.
Hei stunn denn ok so grad' un stiff,
De Leutnant reckt em man an 't halwe Lif;
Un 't Ding höll doch nich up tau slahn,
De Kirlsüll ümmer grader stahn;

De Bost süll 'rut, de Buk süll 'rin;
Bald slog hei'n an de Bein,
Bald stödd hei'n unner 't Kinn.
Doch as hei sach, hei künn 't nich wider driwen,
Dunn säd' hei tau den Kirl: „So soll es sein!
So, Du Carnallie, so nun steh!"
„So sall 'ck nu ümmer stahn hir bliwen?"
„So stehst Du mir! Kopf in die Höh',
Die Arme 'ran, auswärts die Füß,
Die Brust heraus, den Bauch herein!" –
„Na denn, Herr Leutnant, denn adjüs!
Denn krig 'ck Sei nümmer mihr tau seihn."

Perdüh

Ick wahnte früher dicht bi Kalen
Un makt enmal en gaud' Geschäft!
Ick hadd up 't Güstrow'sch Mark 'ne Partie Fahlen
För einen schönen Pris verköfft.
Dat Gel läd' ick in minen Kuffert 'rin,
Dei hinnen up den Wagen stünn,
Un führte nu mit einen gauden Fründ,
Dei man jo ümmer up en Johrmarkt find't
Ganz wollgemaud taurügg nah Hus;
Un vör uns satt min Kutscher Jehann Dus.
Wi red'ten nu von dit un dat
Un ok von einen Kopmann in de Stadt,
Von den'n de Wohrheit sick nich let verhehlen,
Dat hei nu ok Pankrott wull spelen.
Wie deden Beid'den Kopmann ken'n.
„Je," seggt min Fründ, „dei is nu ok tau En'n."
„Ja," segg ick, „dei is rein perdüh."
Wi red'ten nu von 't Gäuderpachten:
Wi wüßten nich, woher wi 't nemen,
Un wenn wi dat so recht bedachten,
So müßt de Kammer sick doch schämen;
Bet wi des Abends gegen achten
Gesund un woll tau Hus ankemen.
Min Fründ, dei was ganz trurig word'n.
Wo süll dat warden hüt un morg'n!
Doch ick was lustig un fidel,
Wil mi in minen Sinn infel,
Dat ick noch hadd wat acht're Hand:
Fiwhunnert Daler preuß'schen C'rant,
Dei ick hadd kregen för de Fahlen.
Ick let ne Buddel Win 'rup halen:

„Ih, Brauder," segg ick, „nich verzagt!
Hir drink mal eins! De Win is echt,
Man ümmer wedder frisch gewagt!
Dat treckt sick Allens wedder t'recht."
Un as ick so fin Sorg' verdeil
Un sei mit Win em 'runner späul,
Dunn kümmt min Kutscher 'rin un fröggt:
„Oh, nich för æwel! Herr, oh, segg'n Sei mi:
Wat heit denn eigentlich 'perdüh'?" –
„Perdüh? Perdüh? Wat süll dat heiten?
Perdüh? Wat willst Du dorvon weiten?"
De Kirl, dei steiht un steiht un lurt:
„Ih, segg'n S' doch, Herr, wat heit dat Wurt?"
„Perdüh, dat heit so vel as: is verluren."
„Na," seggt Jehann un kratzt sick acht're Uhren,
„Dat heww 'ck mi dacht! Herr, süh mal, süh!
Denn is uns' Kuffert ok perdüh."

Wo is uns′ Oß

In sinen Staul sitt Pächter Kawelmaker
Un deiht, wat oft hei deiht, un slöppt,
Dunn fohrt tau em herinner Danjel Haker,
Sin olle Ossenknecht, un röppt:
„Herr, dor is wat passirt, is wat passirt,
Wat ganz Gefährlich's is passirt,
Ick glöw jüst nich an't Hexen un an't Späuken
Un an den Düwel un an so'n Mafäuken;
Doch hir, hir hett de Düwel drin sin Spill!"
„Holl't Mul, Du Klas! – Wenn ick mal slapen will,"
Seggt de oll Herr, „un will en beten rauhn,
Denn möt ein jeder Nar mi stüren;
As hadd ick wider nicks tau dauhn,
As jeden Drænsnack antauhüren." –
„Ne! wat tau dull is, is tau dull!
Ick steck em irst de Röp noch vull
Von't beste Klewerheu;
Ick gaww em frische Streu;
Nu is hei doch uns fläuten gahn!" –
„Wer is denn weg, Du Dummerjahn?
Ick jo nich en Wurt verstahn." –
„Je Herr, weit ick't?
Ick ward' noch heil un deil verrückt.
Ick swör Sei't tau bi Gott in'n Himmel:
Uns' beste Oß, uns'schöne Stümmel!"
„Wo, Du büst woll nich recht bi Sinnen?
Wo süll de Oß denn sin? hei ward sick finnen." –
„Ne, Herr! ne Herr! dor helpt kein Reden,
Dor helpt kein Singen un kein Beden.
Uns' Oß is weg, uns' Oß is weg!
Un wenn ick segg: 'ick segg!'

Denn kænen Sei glöwen, weit 'ck Bescheid.
De Sak hett nich ehr Richtigkeit." –
„Na, meinst Du denn, sei heww'n em stahlen?" –
„Ih, Herr, dat süll mi ok noch fehlen!
Wer ward des Middags Ossen stehlen?
Den'n müßt doch glik de Düwel halen.
Oh, ne! Dit's wedder so, as dunn mit minen Hund,
De Sak, de hett en annern Grund." –
„Ei wat! So holl Din Mul un kumm!
Makst mi am En'n noch sülwst mit dumm." – –
Sei gungen Beid' nu nah den Stall herun;
Je, ja! je ja! wo süs de Stümmel stunn,
Dor was en leddig Flag,
Dor was dat hellig Dag, –
De Oll, dei kickt nah Danjel Hakern,
Un Danjel kickt nah Kawelmakern;
So kiken sei sick Beid' 'ne Tid lang an. –
„Na, dit verstah, wer dit verstahen kann,"
Seggt Kawelmaker, „dit's mi doch tau bunt," –
„Ick segg, de Sak, de hett en annern Grund,"
Seggt Danjel, un so gahn sei denn
Heruter up den Hof un stell'n sick hen
Un fangen an up't Frisch tau simmeliren,
Wo sick de Sak woll müßt regiren:
Wo dit woll müßt, wo dat moll müßt?
Wer dit woll wüßt, wer dat woll wüßt?
Un dat dat gruglich schir, un wer dat woll verstunn?
Un wo dat mæglich wir, un wer dat weiten kunn? –
Un Danjel höll bi't Grüweln sinen Kopp tau Höh;
Mit einmal fängt hei an: „Herr Je!
Ne! dit's tau dull! Herr Gott in'n Himmel!
Herr Kawelmaker, seihn S', dor steiht uns' Stümmel;
Dor steiht dat niederträcht'ge Creatur!"
„Wo denn? Ick seih jo nich de Spur." –
Alle gauden Geister laben
Gott den Herrn! Do steiht hei baben,
Dor kickt hei baben ut dat Finster 'rut,

Un recht manirlich süht hei ut.
Hei kickt von baben dor de Welt sick an.
Wo sick so'n Beist verstellen kann!
As wir hei jüst so'n ihrlich Minschenkind,
Herr Kawelmaker, as wi Beiden sünd.
Ne, wo em dat doch putzig lett!
As hadd hei sick 'ne swarte Kapp upset't
Un hadd 'ne Pip Toback mang sine Tähn;
So kickt hei 'raf von sinen Bæn!
Herr Kawelmaker, wenn dit olle Dirt
Tau rechte Tid wir up de Schaulen gahn –
Taum Bispill, mein ick, henn nah Swan –
Ick glöw gewiß, dei hadd wat lihrt,
Hei süht jo nu all ut, as hadd hei utstudirt." –
„Wo hei dor woll herupper kamen is?"
Seggt de oll Herr. „De Sack, dei nimmt mi Wunner."
„Ih! dat hei baben is, dat is gewiß;
De Frag' is man, wo krig'n w' em wedder 'runner?"
So stahn de Beiden denn un kiken
In Einen furt den Ossen an,
Un Stümmel kickt sei wedder an. –
„Ne, so wat hett doch nahrens sines Glicken,"
Seggt Danjel, „täuw! ick krig Di man!
So'n Creatur, dat denkt vielücht,
Dat is man so, as kik mi an;
Wat doch so'n Beist för Inföll kriggt!"
Sei gung'n nu wedder in den Stall herin,
Un simmelirten dor, wo't woll müggt wesen sin.
„Süh!" seggt de Oll, „dat's man von wegen,
Dat Du em fast nich bunnen hest,
Un as hei dunn irst los is west,
Is hei de Trepp herupper stegen."
„Ne! 'rupper stegen is hei nich!" –
„Na, is hei denn herupper flagen?" –
„Ne, Herr, hei hett sick 'rupper lickt,
Un, seihn Sei, dat geiht ganz geschickt!
So as wi Garben 'rupper dragen,

So kräumelt dor en beten af –
Bald is dat Kurn, bald is dat Kaff –
Dat sammelt sick so'n Oß denn up,
Un dorbi lickt hei sick herup.
Un wenn hei sick denn 'rupper schaben
Un steiht bi't vull Fauder baben,
Un hett den Hawerhümpel funnen,
Denn bring' de Düwel em nah unnen! –
Ick heww all männ'gen Ossen kennt,
Den'n man mit Christennamen nennt,
Dei sick nah baben 'rupper schaben
Un sick nah baben 'rupper lickt,
Un wenn em irst dat Stück was glückt,
Un hei in't vulle Fauder stunn,
Denn kreg kein Düwel em herun."

De Köster up de Kindelbir

Is in den Dörp 'ne Kindelbir,
Denn hungert uns' Köster drei Dag',
Denn ward so flau tau Sinn em Schir,
So holl un boll in de Mag'.

Hei snappt man grad', hei jappt man grad'
Un pipt ut dat letzte Lock,
Hei ward so dünning, as 'ne Mad',
Un üm em slackert de Rock.

Sin Fru, dei seggt: „Na, Vadding, hür!
Kumm! et Di doch mal eins satt;
Hir steiht en schönes Eijerühr
Un süs ok noch dit un noch dat."

„Ih, dat ick doch en Schapskopp wir!
Dat süllst Du doch weiten nahgrad',
Gah Du doch mit Din Eijerühr,
Denn morgen giwwt dat 'ne Brad'."

De Köster ward nu slapen gahn
Un drömt von Fisch un von Supp,
Un ringsüm süht hei Braden stahn,
De frett hei in'n Drom all up.

De Morgen kümmt, hei swäckt man so,
Em dragen kum noch sin Knei.
Em is so leg, hei weit nich wo,
Em is, as wir hei intwei.

De Köster wankt tau Kindelbir;
Ach Gott doch! wat is em so leg!
Hei müßt vergahn vör Weihdag' schir,
Wenn hei nu den Braden nich kreg.

***

Up de Strat all rückt de Köster de Stuten,
All von Firn is em dat grad',
As hei vör de Dör noch steiht vor buten,
As rök hei 'ne Kalwerbrad'.

Oh! wo fängt nu sine Mag'tau jæken
Un sin Lif tau knurren an;
Knapp mit swacke Stimm kann hei noch spreken:
„Gott taum Gruß ok, Vaddermann!"

Dat em jo nich geiht wat in de Wicken,
Rückt hei in de Kæk herin;
An den Ruch möt hei sick irst erquicken,
Irst 'ne Näs' vull möt dat sin.

Hei rückt Supp un Braden, Fisch un Tüsten,
Oh, wo glücklich hei dor stünn!
Bet oll Schultenmutter kümmt un schüwwt en
Nah de vöddelst Stuw herin.

„Süh dor! na, wo geiht't denn Vadder Köster?"
„Oh, recht gaud, un vel schön Dank!" –
„Wo? Ji seiht so leg ut," seggt de Föster.
„Vadder Köster, sid Ji krank?"

„Krank bün ick jüst nich, ick heww't Fretfewer;
Doch dat sall mi nicks verslahn,
Denn ick denk, dat geiht woll wedder æwer,
Wenn wi man irst sitten gahn."

Un de Preister fängt nu an tau döpen,
Un de Köster steiht un lurt,
Fängt sick an de Ärmel up tau ströpen:
Den de Döp tau lang'em durt.

Endlich kümmt de Haunersupp herinner,
Un de Köster mit en Satz
Springt nu nah den Disch un röppt: „Na, Kinner!
Jeder fix nah sinen Platz."

***

Un de Köster, dei sluckt in de gläugnige Supp
Un verbräuht sick binah sine Kehl,
Hei kellt sick den tweiten Teller vull up.
„Oh, Köster, oh! fret nich tau vel!"

Un as nu kamen de Tüsten un Fisch,
Dunn fängt hei irst orndlich an;
Hei schüwwt sick den Staul woll weg von den Disch
Un frett 'e sick wedder heran.

„Na, Vaddermann Köster, wo geiht Di dat hüt?
Du beterst Di nu woll geswin'n?"
„Ach, lat mi man noch en lütt Spirken Respit,
Mi ward all ganz anners tau Sinn."

De Köster, dei drinkt, un de Köster, dei frett
Un langt sick ümmer dat Best,
Ein Buk, dei ward runner un vülliger, bet
De Knöp em spring'n von de West.

„Na, Vaddermann Köster, nich wohr? ick frag',
Nu büst Du woll wedder gesund?" –
„Ja! Vaddermann Föster, nu löppt mit de Mag'
De Katt mi nich weg un de Hund."

Un as nu de Braden herinner ward bröcht,
Dunn kümmt ok en Pöttken mit Punsch.
„Oh, Köster, hüt hest in den Nettel nich leggt,
Hüt geiht Di dat Allens nah Wunsch."

Hei frett un hei drinkt, dat dat man so prust't,
Un packt sick dei Affid' noch vull,
Un af un an hett hei sick denn mal verpust't,
Wenn't sick nich recht packen mihr wull.

***

Un so lustig ward de Köster,
Un hei ward so Kreuzfidel,
Un so pust't 'e, un so blößt 'e.
„Köst, Du frettst hüt tau vel!"

Hett hei denn nu düchtig eten,
Ward hei doch ok drinken gaud.
„Schenk mi mal in, un gaud gemeten,
Mi is lustig woll tau Maud."

„Na, wo is dat, Vadder Köster?
Nu hest Du woll Dinen Däg'?" –
„Din Gesundniß, Vadder Föster!
Ick bün königlich tau Weg'?"

Kriggt dat vulle Glas tau faten,
Drinkt dat up einen Tog.
„Dat möt Ein den Köster laten,
Hei hett en kaptalen Sog."

Nu ward hei en Vivat bringen,
Set't up 't Uhr den Haut,
Un nu fängt hei an tau singen –
„Na, dit geiht meindag' nich gaud!" –

Allerlei verfluchte Lieder,
Dei hei noch von früher weit.
„Köster, Köster, sing' nich wider,
Hürst jo tau de Geistlichkeit!"

Hei drinkt bet taum letzten Druppen,
Drinkt sick einen richt'gen Zopp,
Bet hei nich mihr weit, ob up en
Bein hei steiht, ob up en Kopp.

***

Un de Köster, dei tummelt taum Hus'herut, –
De Hæg'is ut –
Un krawwelt herüm up de Strat;
Hei weit nich, ob rechtsch oder linksch hei geiht,
Un wo hei steiht.
„Oh, wir man 'ne Schuwkar parat!"

De Köster, dei tummelt taum Huf' herut,
Föllt up de Snut,
Un schin'nt sick af dat Gesicht.
„So geiht dat nich," seggt e', „ick möt mi holl'n;
Bald wir ick foll'n."
Un durt nich lang', wedder hei liggt.

Un hei kümmt nah den Schulten sinen Swinstall 'ran,
Dor kloppt hei an:
„Gott sei Dank! tau Hus wir ick nu!"
Un de Sæg', dei nörxt, un de Köster, dei seggt:
„Ick funn doch t'recht.
Nah de Dör lat mi 'rinner nu, Fru!"

„Lat mi 'rinner nu, Fru! Na, wat lurt noch dat Wiw?
Dat is in dat Liw
Ganz gefährlichen 'rinner mi slahn.
Wenn dit länger noch durt, na, denn sett ick mi mal

En beten hir dal,
Denn mag woll de Weihdag' vergahn."

Un hei set't sick nu dal, woll 'rin in den Meß,
Un täuwt indeß;
Aewer bald hett hei legen verlang,
Un as hei den Meß sick hett muschelt taurecht,
Ganz glücklich hei seggt:
„So, nu ligg ick tau Bedd, Gott sei Dank!"

***

As de Schult utslapen hett,
Makt hei sick up sine Bein,
Will de Swin doch mal beseihn,
Ob sei noch nich wiren fett.

As hei sei von un'n un baben
Un von rechtsch un linksch besüht,
Ob dat woll taum Slachten Tid,
Lopen s' 'rut em ut den Kaben.

Un de olle grise Sæg',
Dei von allen was de grötst,
Kümmt denn mitdewil tauletzt
Dorhen, wo de Köster leg.

Un dor mullt dat Dirt un wäult,
Stött den Köster mit de Snut,
Wäult em ut den Meß herut;
Un de Köster, dei dit fäult,

Denkt, hei liggt doch gor tau fri;
Meint, dat hei nich taugedeckt,
Un dat sine Fru em weckt:
„Mudder, segg, wat stöttst Du mi?" –

„Gott's ein Dunner! Vaddermann,
Wo kümmst Du in minen Meß?" –
Un de Köster, dei indeß
Sick vermüntert, kickt em an.

Makt so'n Ogen as 'ne Ul,
Kickt den Meß an un de Sæg',
Un dat Flag, wo hei dor leg,
Un ritt sparwit up dat Mul.

„Vadder Schult, lat Di bedüden.
Böse Geister sünd bereit,
Uns, dei von de Geistlichkeit,
Stets tau foppen un tau brüden.

Sett man Din Gemäud in Ruh,
Vadder, un verrad'mi nich!
Segg't man blot den Preister nich
Un bileiw nich mine Fru."

De Preisterwahl

„Gu'n Dag ok, Bräuding Westenblatt!
Na, ok en beten in de Stadt?
Wo geiht di dat? Wat makt Din Fiken?
Willst nich en beten 'ranner kiken?"
Seggt tau den Buren Kopmann Hahn,
„Kumm, drink en Gläsken Mulderjahn."
De Bur, dei ümmer döstig was,
Geiht nah em 'ran un drinkt en Glas.
„Na, sett Di doch en beten dal!"
„Ich dank velmal, ick kann woll 'n beten stahn!" –
„Ji heww'n jo woll bald Preisterwahl?" –
Fröggt em denn wider Kopmann Hahn. –
„Sei segg'n 't jo All, denn möt't woll wesen." –
„Ick heww't in't Wochenblatt hüt lesen.
Tau weckern ward't Ji Jug bequemen?" –
„Je, wat weit ick! Dat's so un so."
„Je, Einen möt Ji Jug doch nemen?"
„Ja! dat's gewiß! Doch segg'n sei jo,
Doræwer is noch nicks beslaten."
„Wat sünd denn dat för Kannedaten?" –
„Je, wat weit ick! De Ein, de sall
Jo woll ut Criwitz bürtig sin,
Un dei will jo, so segg'n sei All,
Wenn hei kümmt nah de Parr herin,
Sick tau dat swore Stück bequemen,
Un unsen Eddelmann sin olle Swester nemen."
„Na, segg! wo is't denn mit den Tweiten?" –
„Je! Brauder Hahn, wer kann dat weiten?
Dei ward hir wenig woll bekannt sin.
Doch Alltausamen segg'n sei för gewiß,
Dat hei sick frigen will de Gouvernantin,

Dei up den Hof bi unse Gören is." –
„Wat is de Drüdd denn för 'ne Ort?" –
„Ick heww mi vör em ok nich wohrt.
Sei segg'n, wenn dei de de Parr ded' krigen,
Denn wull hei unse Preisterdochter frigen.
Ach Gott! Sei snacken allerlei." –
„Na, weckern wählst Du den von de Drei?" –
„Je, wat sall ick mi lang' noch quälen,
Ick ward' uns' Preisterdochter wählen!"

Fisematenten

Wer weit, wat „Fisematenten" heit,
Dei tredd' mal up un seggt't!
Ick glöw, Ji gewt mi kein Bescheid,
Un Keiner kriggt dat t'recht.

Dat Wurt, dat hett vel in den Mun'n,
För den'n, dei d'rup studirt;
Tau Malchow, in 'ne lust'ge Stun'n,
Heww ick 't mal spelend lihrt.

Paßt up! Ick mak Jug ok so klauk,
Will Jug dat Ding vertellen,
Doch möt Ji nich min lustig Bauk
För „Fisematenten" schellen.

***

Ick was mit minen Fründ, den Föster Slang'
Des Abends späd noch up de Jagd;
Wi lurten bet, wi lurten lang',
Kein Rehbuck kamm, kein Has', de let sick blicken;
Dat was 'ne bitter kolle Nacht,
Ick was so stif, ick kunn mi kum noch bücken.
„Stahn wi hir länger," rep ick, „Slang'!
Denn ward mi üm min Leben bang'.
Dod sünd wi morgen, Gott erbarm's!
Ick gah nah Malchow 'rin un drink wat Warms."
Na, hei gung mit. Geseggt, gedahn!
Wi warden denn nah Unkel Dalitz gahn.
Un as sick Unkel hadd erbarmt
Un mit en Gläsken Punsch uns warmt,
Dunn set'ten wi mit Unkel Swinner

Taum Bostonspill uns in de Eck herinner. –
(Tau Malchow is dat Mod', dat möt Ji weiten,
Dat sei sick All dor „Unkel" heiten.) –
Na, Unkel Swinner! – Kennt Ji Unkel Swinner? –
Dat is en ollen Racker, ollen Sünner;
Hei kickt, wenn Ji dat nich gewohrt,
Jug niderträchtig in de Kort. –
Dat Spill gung los. För mi gung Allens dwatsch,
Nochtau, wi spellten mit Karbatsch,
Un unse olle Unkel Swinner,
Dat was de einzigste Gewinner.
Mit einmal seggt hei: „Elf!" – Herr Je, wo würd mi bang'! –
„Ok elben," seggt min Föster Slang'.
Dunn fohrt mi dat woll nich mæglich sin,
Den Ollen eins recht antauführen?
Na, täuw mal! will'n 't doch mal probiren!"
In Ruten müßt sin Spill woll sin.
Ick nem den König nu von Ruten
Un stek em blitzen-blank ganz buten,
So dat hei recht em seihen künn.
„Dei föllt," so denkt min Unkel Swinner
Un plumbst recht in de Fall herinner.
Hei tægerte ok gor nich lang',
Un: „Twölf!" rep hei. – „Ick paß!" säd' Slang'.
Dunn nem ick ruhig Ruten-Sæben
Un stek sei bi den König neben.
As Unkel Swinner dit gewohrt,
Dunn smet hei up den Disch de Kort,
Schimpt un schandirt gor fürchterlich:
„Mit Fis'matenten spel ick nich!"

De Gedanken tau Pird´

„Süh dor! süh dor! Gun'n Dag, Herr Bank!"
Röppt Pächter Banken tau Notorjus Klein,
„Ick heww Sei doch ok gor tau lang'
Bi uns hir nich in Wohren seihn.
Sei maken sick ok gor tau ror!"
„Wat sall Ein maken, Herr Notor,
In'n Frühjohr hadd 'ck so 'n slimmen Haust
Un nu bün 'ck midden in de Aust;
Sei künn'n sick æwer seihn eins laten."
„Ih, dat wir mir eben grad'nich dull. – –
Doch æwerst – wat ick seggen wull –
Heww'n Sei all düchtig Häuner schaten?"
„Rabbhäuner! Ne! Nich æwer Johr." –
„Denn sünd de Dinger wol sihr ror?" –
„Ih, Gott bewohre! Haun bi Haun!
Ick heww man likerst vel tau dauhn,
Dat ick nich recht afkamen kann."
„Na hüren S', Herr Bank, dormit Sei 't weiten:
So mæglich, in de negsten Dagen,
Den kik 'ck en beten bi Sei an;
Min grötst Vergnäugen is dat Scheiten
Un denn vör All'n up Häuner Jagen."
„Na, dat 's en Wurt, un is gewiß!
Un wat dor denn von Häuner is,
Dat will'n wi all denn kappeniren,
Un nahsten will'n wi s' ok probiren." –
Na, dat is gaud. Geseggt, gescheihn!
Nah fiw, söß Dag' makt sick Notorjus Klein
Nu up den Weg un hen nah Banken. –
As hei nu führt de Drift entlanken,
Wo Ein dat Dörp all seihen kann,

Dunn süht hei ok den Pächter all von Widen
Up sinen witten Schimmel riden.
Un durt nich lang', dunn kümmt de Oll heran:
„Gu'n Dag! Na, dat is recht, oll Fründ,
Dat Ji mi Wurt doch hollen hewwt.
Nu führt man sachten tau; wi sünd
Hir man noch bi en lütt Geschäft;
Ick lat hir achter Gasten binnen
Un ward' mi glik tau Hus insinnen."
„Na, wenn 't mi man tau lang' nich durt,"
Seggt de Notor, un führt nu sachten furt. –
Un Bank, dei giwwt den Schimmel nu de Spur'n;
Un jagt irst achter'n hogen Durn,
As Klein em nich mihr seihen kunn,
Dunn achter 'n Barg, dunn achter 'n Busch herun,
Un endlich nah den Hof herup.
Hir makt hei fix de Stalldör up
Un jagt den Schimmel dor herin,
Löppt d'rop tau Hus nah sine Fru
Un röppt ehr tau: „Rasch, Mudder, fixing nu!
Sett all so'n Kram hir vör min Bedd,
Dat 't so as bi en Kranken lett,
As leg' ick krank hir all sid Dagen,
Lat Allerlei herinner dragen,
Un fröggt hir wer, denn möst Du seggen,
Dat ick all lang' bün dodenkrank."
Un dormit treckt sick ut uns' Bank
Un deiht sick in dat Bedd 'rin leggen.
Üm sinen Kopp ward hei en Dauk sick binnen,
Un all de Buddel, dei sin Fru kann finnen,
Dei warden vör sin Bedd henstellt,
So dat em Jeder för en Kranken höllt.
Kum is dat farig, kum is dat gescheihn,
Dunn kümmt denn min Notorjus Klein:
„Gu'n Morgen, Madam Banken, guten Morgen!
De Oll hett noch wat tau besorgen,
Hei 's noch en beten 'rut tau Fellen

Un süht dor noch nah sinen Gasten,
Doch säd' hei mi, hei wull sick hasten,
Ick süll dat Frühstück man bestellen."
„Min Mann? – Wo? Reden Sei von minen Mann?"
„Ja woll! Von weckern süs?"
„Ih, Herr Notor, ick glöw, Sei spaßen man.
Woll sid en fiw, söß Dagen is
Min Mann all elend dodenkrank. –
Mit em is 't gor tau slicht beschapen."
„Wat! wer is krank? doch nicht Herr Bank?
Den'n heww ick eben jo noch drapen."
„Je, dat verstah ick nich! Sei kæn'n sick æwertügen,
Un fæl'n em glik tau seihen krigen. –
Hei is so krank, as Einer warden kann.
Seihn S' hir, hir liggt min arwe Mann." –
„Ih wat! wo 's 't mæglich! Wo kann dat gescheihn!"
Röppt ganz verduzt Notorjus Klein,
„Kum vör 'ne halwe Stun'n, dor heww'n wi Beid'
Noch mit enanner spraken an de Scheid'.
Sei reden jo up Ehren Schimmel.
Wo is dat mæglich? Gott in'n Himmel!"
„Ach Gott!" fängt Bank nu an tau stähnen,
Um stamert jüst, as wiren sine Tähnen
Em eine Ehl tau lang in sinen Mund:
„Ach Gott! ick wull, ick wir gesund
Un künn en beten 'rünner riden,
Anstatt hir so 'ne Pin tau liden.
Ach Mudding, ick bün gor tau krank." –
„Ne! dit 's doch dull! min leiw Herr Bank.
Ick heww persönlich mit Sei spraken
In eigene Persönlichkeit:
Sei deden mi noch æwerstraken
Un säden noch, dat Sei dat freu't,
Dat ick dat höll, wat ick verspraken."
„Ih, Gott bewohr! Min leiw Herr Klein,
Wat Sei dor hewwen 'rümmer riden seihn,
Dat müßten denn woll min Gedanken wesen."

Na, nu füng 't den Notorjus an tau gräsen.
Gedanken sünd all slimm, wenn sei ganz heimlich sünd.
Vör Allen bi de Herrn Notoren,
Doch wenn Ein sei all up de Landstrat finnt
Trotz Polizei un trotz Schandoren,
Un hoch tau Pird' mit Riedpietsch un mit Sporen,
So as Herr Banken sin sünd 'rümmer reden:
Dor kænen Einen jo de Ahnmachten antreden.
So wat hadd nie hei seihn tau Wohren;
De Sak, dei kunn hei doch nich trugen,
Em fung gefährlich an tau grugen.
„Na," seggt hei, „denn, Herr Bank, adjüs!
Ick wünsch Sei gaude Beterniß."
Un dormit gung hei ut de Dör.
So korting würden em sin Hacken,
Em kamm dat jüstement so vör,
As würd oll Bank em up den Nacken hacken;
Un de oll Pächter, dei was swer.
Fix stiggt hei 'rupp nah sinen Wagen
Un lett den Kutscher vörwarts jagen. –
Nu springt oll Bank ok ut dat Bedd,
Löppt an dat Finster: „Krischan, ledd
Den Schimmel glik mal vör de Dör!"
Un Krischan ledd't den Schimmel vör.
Un Bank, dei spaud't sick, wat hei kann,
Un treckt sick de Kledaschen wedder an,
Langt sick de Pietsch, set't sick den Strohhaut up,
Drinkt irst noch einen lütten Kümmel
Un springt up sinen Schimmel 'rup.
Un heidi! vörwarts geiht de Schimmel.
Gestreckten Galopp klabastert de Racker
Irst 'run von den Hof, dunn æwer den Acker
Un all wat hei kann, hen nah de Scheid',
Wo sei sick irsten drapen Beid'.
Ok uns' Notorjus, den'n hüt dat Besäuken
So dull verled't is, führt en Draf,
Dormit hei kümmt man von de Feldscheid' 'raf,

Wo 't an den hellen Dag ded' späuken.
Doch kum was up dat olle Flag hei kamen,
Dunn dröppt hei ok mit Banken dor tausamen.
De Kutscher, dei den Ollen ward gewohr,
Dei dreiht sick üm un seggt:
„Oh, seihn S' doch mal! Sei säden, Herr Notor,
Herr Bank, dei hadd tau Bedd sick leggt.
Un leg' tau Hus so dodenkrank,
Dor ritt hei jo de Hocken lang,
Ick seih an em kein Krankheit nich,
Hei is jo ganz gesund up Stun'ns."
„Swig' still," seggt Klein, „dat is hei nich!
Bed' leiwersten en Vateruns'.
Kihr Di an nicks un jag' de Drift entlanken,
Dat sünd all wedder sin Gedanken."

Rindfleisch un Plummen

„Den ganzen Dag bi 't Döschen stahn
Un ümmer achter 'n Haken gahn,
Un up den Acker Kluten pedden,
Un den mal wedder Ossen ledden,
Un denn mal drög un den mal natt,
Wo, mine Herr'n, geföllt Sei dat?
Un denn? – wat krig' ick denn för Eten?
So slicht un man so'n lüttes Beten!
Un ümmer Tüften, ümmer Räuwen,
Dor mag der Deuwel länger täuwen!
Ne, Herr'n: denn hett 'ne Ul dor seten,
Bi dröge Tüften kann ick nich bestahn."
„Na gaud, min Sæhn, Du kannst nu gahn,"
Seggt de Burmeister. – As hei 'rut,
Seggt hei taum Rathsherrn Wohlgemuth:
„Ich glaube fast, und mir will es bedünken:
Derr Mensch hat Recht;
Denn solches Essen, solches Trinken
Paßt sich nicht für en tücht'gen Knecht. –
Indessen – woll'n den Herrn doch auch mal fragen. –
Heda! raupt mal den Bäcker Hagen."
De Bäcker kümmt. „Mein lieber Meister Hagen,
Ihr Knecht war hier und thät sich sehr beklagen:
Sein Essen sei so schlecht.
Wir fragen nun: wie halten Sie den Knecht?"
„Na, dat möt ick gestahn!
Dor möt doch glick dat Wetter 'rinner slahn!
Dat hürt ick niemals allmeindag',
Ick holl min lüd'so slicht?
Antwurten S' blot up dese Frag:
Rindfleisch un Plummen, is 't en slicht Gericht?" –

„Denn Dunner ok! Dat is en prächtig Eten!
Rindfleisch un Plummen? Is 't nich wohr?
Herr Rathsherr, ne! Wo wull'n wi dorin freten!"
„Ja," seggt de Rathsherr, „dat's gewiß!
Wenn 't Rindfleisch mör un wenn de Plummen gor,
Denn wull ick meinen, dat 't wat Schönes is."
„Dat is en Eten, as in'n Himmel,"
Seggt de Burmeister. „Täuw, Du Lümmel!
Ick ward en Würdken mit Di spreken
Un Di de Leckerthän utbreken.
Täuw, Du Carnallie, ick will Di betalen! –
Oh, lat't man glik den Slüter halen,
Dei sall em doch up allen Fällen
En richtig Dutzend 'rinner tellen. –
So, mine Herrn, man Platz genamen,
Un lat't den Kirl man wedder 'rinner kamen! –
Du Slüngel! Du entsamtige Hallunk!
Is Di dat noch nich gaud' genung,
Wat meint so 'n näsewise Bingel?
Wat meinst Du denn, Du ßackermentsche Slüngel!?
Gaus'braden alle Dag' un Hauneris,
Dat würd Di smecken, un denn schepelwis'?"
„Wo so? – Woans? – Gaus'braden alle Dag'?"
„Halt's Maul! und räsonnir' Er nicht! –
Antwurt Hei up mine Frag':
Rindfleisch un Plummen, is't en sclicht Gericht?"
„Den Deuwel ok," seggt Jochen Brümmer,
Un dreiht den Haut in sine Hand herümmer:
„Rindfleisch un Plummen is en schön Gericht,
Doch, mine Herrn, ick krig't man nicht."

Wo büst Du ´rinner kamen?

„Wo Deuwel! dreigen mi min Ogen?
Wo, is dat nich uns' Schulten-Jochen? –
Na, Brauder! ok en beten hir?
Kumm, sett Di dal un drink mal Bir." –
„Ih, lat mi man en beten stahn."
„Na, segg, büst Du tau führen hir?" –
„Ne!"
Denn büst Du woll herinner gahn?" –
„Ne!"
„Denn magst Du gor rin reden sin?" –
„Ne!"
„Nich gahn, nich führt un nich 'rin reden?
Na, segg, wo kümmst Du denn herin?"
„Ick müßt en Ossen 'rinner ledden."

De Wedd

De Bäcker Swenn, dei sitt in sine Stuw
Un hött sin Tweiback un sin Kringel,
Dunn kamen tau em 'rin twei lange Slüngel:
„Oh, Meister, bring'n S' doch eins swin'n
För uns en gaudes Frühstück 'rin!" –
„Ja woll!" Hei halt nu Eier, Schinken;
De Gäst, dei föddern ok tau drinken,
'Ne Buddel Win von'n Besten sall dat sin,
De Wirth, dei bringt s'; de Gäst, dei sünd taufreden
Un fangen an, von dit un dat tau reden.
„Na, hür mal, Brauder Möller, kumm!
Schenk Di mal in, will'n mal drinken,"
Seggt irst de Ein un ward den Annern plinken.
„Nu segg mal blot, wat was de Kirl doch dumm!" –
„Du meinst den Ollen an den Mark,
Den ollen Bäckermeister Hauck?
Ja, den'n sin Dummheit, dei is stark.
De Oll, dei höllt sick schrecklich klauk,
Un hett sick doch so dull blamirt!"
De olle Hauck? – Oll Bäcker Swenn, dei hürt
Ganz nipping tau. – „Oh, wenn ick fragen kann,
Wobi let dei oll Voß sick faten,
Hei is doch süs so'n nägenklauken Mann?" –
„Se weiten doch: hei kann dat Wedden jo nich laten
Un dorbi kregen wi em 'ran.
Wi wedd't mit em un hei verlur,
Dat hei vör sine Stubenuhr
'Ne Virtelstun'n nich sitten künn
un nich so langsam un so swin'n,
So as de Parpendikel flög,
De Würd' ahn Stamern 'ruter kreg:

Hir geiht 'e hen, dor geiht 'e hen.
Hir geiht 'e hen, dor geiht 'e hen."
„Ih, dat 's doch nich so swer," seggt Swenn,
Dei gor tau girn ok wedden müggt,
„Dei olle Schapskopp? Na, mi dücht,
De Sak, dei is doch gor tau licht."
„Je," seggt de Ein, „dat is doch so'n Geschicht!
Sei dörwen nich upstahn, nicks anners reden,
Sei möten ümmertau den Vers herbeden."
„Ick dauh't, un ick gewinn," seggt Swenn;
„Hir geiht 'e hen, dor geiht 'e hen.
Hir, föfteihn Daler sett ick hen!" –
De beiden Kirls kregen
Nu ehren Büdel 'rut un set'ten föfteihn gegen,
Un vör de Klock set't sick oll Swenn:
„Hir geit 'e hen, dor geiht 'e hen."
„Adjüs! Herr Swenn," seggt nu de Ein
Un makt sick an de Dalers 'ranner,
Un sick dunn fix up sine Bein;
„Adjüs, Herr Swenn," seggt ok de Anner,
„Sei dörwen nich upstahn, nicks anners reden,
Sei möten ümmertau den Vers herbeden,
Ick wünsch Sei ok recht vel Plesir."
„Je, dat ick doch en Schapskopp wir,
Un dordörch mine Wedd verlür!
Ne, löpt Ji man," denkt Bäcker Swenn,
„Hir geiht 'e hen, dor geiht 'e hen: –
Üm mine Wedd ward mi nich bang'n;
So licht lat ick mi noch nich fang'n." –
Hei drömt sick nu all as Gewinner.
Dunn kümmt tau em sin Fru heriner,
Dei ut de Stuw' wat 'ruter halt:
„Na, Vader, heww'n de Kirls betalt?" –
„Hir geiht 'e hen, dor geiht 'e hen."
„Wat is 'e los? Wat fehlt Di, Mann?
Wat red'st Dur dor? Wat is Di denn?
Wat kickst Du denn de Klock so an?" –

„Hir geiht 'e hen, dor geiht 'e hen." –
„Mein Gott! Wat fehlt Di? Segg doch, Swenn!
Du büst doch woll nich dun hüt morg'n?
Du büst doch woll verrückt nich word'n?" –
„Hir geiht 'e hen, dor geiht 'e hen." –
„Herr Jesus, kumm doch 'rinner Fik!
Lat Allens liggen, löp un rönn
Doch mal nah Dokter Hansen glik,
Hei süll doch kamen in den Ogenblick,
Uns' Vader hadd nich sinen Schick."
„Hir geiht 'e hen, dor geiht 'e hen." –
„Hür Vadding! Swenning! Leiwe Swenn!
Herr Gott doch! Vadding! hürst Du nich? –
De Ogen gahn em fürchterlich.
Segg, Vadding! Segg! Kennst Du mi denn?"
„Hir geiht 'e hen, dor geiht 'e hen. –
So, Mudder! so! nu heww ick wunn'n!
Nu is 't 'ne richt'ge Virtelstun'n.
So, Mudder! ick gewünn de Wedd." –
„Ih, Vadding, kumm! Legg Di tau Bedd;
Ick bidd Di d'rüm in Gottes Namen.
Ick denk, de Doktor sall glik kamen." –
„Gotts Dunner, Mudder! Ne! Ick heww gewunn'n. –
Dor sall doch glik dat Wetter 'rinner slagen!
De Kirls, dei heww'n mi doch bedragen,
De niderträchtigen, entsamten Hun'n!
Wat? Meinst Du, dat verrückt ick bün?"
Un as hei noch so schellt, dunn kümmt de Dokter 'rin.
„Ja, ja! er ist in schrecklicher Erregung,
Der Puls in heftiger Bewegung,
Das glüh'nde Auge rollt und irrt
Umher! – Das Faseln von der Wette! –
Der arme Mann ist leider ganz verwirrt
Und ganz gestört, er muß zu Bette." –
„Gotts Dunner! Hür'n Sei mi doch an!" –
„Min leiw' Herr Swenn, man keinen Larm!
Wi weiten't all! Nu kamen S' man."

Un dormit kriggt de Dokter em bi'n Arm,
Un sine Fru, dei nimmt den annern,
„Kumm Männing, Swenning kumm un gah!"
Un Fiken, dei schüwwt achter nah;
So möt hei nah de Kamer wannern.
Hei flucht un swört, hei deiht un seggt,
Dat helpt em nicks, hei ward, mit Bidden bald,
Wenn dei nich helpen, mit Gewalt
In't warme Bedd herinner leggt. –
Nu geiht dat los mit Aderlaten!
Up sinen Kopp ward Water gaten;
Un wenn hei blot mal wedder röppt:
„Ick heww jo wedd't, un ick heww wunn'n!"
Denn ward hei glik von Flässen schröppt,
Em acht're Uhren Ilen set't,
Un Luft ward em denn schafft von unnen.
So liggt hei nu den einen Dag, den tweiten
Bi Hawergrütt un Watersupp,
Un Keiner will von em wat weiten.
Un deiht hei blot den Mund mal up,
Denn heit dat glik: „Wat willst Du, Swenning,
Ligg ruhig stilling, leiwes Männing!"
Un fängt hei an mal tau vertellen
Von sine Wedd, un an tau schellen,
Denn geiht dat glik: „Oh, Fiken lop un rönn
Doch glik mal nah den Dokter hen.
Hei müßt em wedder Ilen setten,
Un süll de Spritz ok nich vergeten."
„Na," denkt hei endlich, „giww Di man!
Verrückt? Ne, dat's nich wohr, dat bün 'ck nich west,
Doch dumm, as Einer wesen kann!
Ick glöw binah, dat is dat Best:
Ick segg hir weder in dat Bedd,
Noch æwerall wat von min Wedd:
Ick glöw, ick swig' man ganz un gor.
Dat Geld is weg, de Schimp is dor.

Sei heww'n mi doch tau arg traktirt,
Von't Wedden bün ick nu kurirt!"

De Frigeri

Kenn'n Ji den ollen Abraham
Ut Ribnitz woll, dei süs mit Ogengläs'
Un Brillen hen nah Güstrow kamm?
Hei hadd 'ne hellisch lange Näs',
Un von Kalür blag as 'ne Trems. –
Na, dei un oll Levin ut Dæms –
Hei würd ok Humpel-Levin nennt –
Dei hadden beid' all lang' sick kennt
Un wüßten von enanner ganz genau,
Dat Jeder düchtig hadd wat in de Schauh,
Dat Beid' sei in de Wull 'rin seten
Un Moses hadden un Propheten. –
Na, Levin dröp mit Abrahamen
In Güstrow mal tau Marktid eins tausamen.
Sei gahn nu in en Wirtshus 'rinner
Un reden dor von Handelssaken,
Un as dei gründlich sünd bespraken,
Dun kamen s' endlich up ehr Kinner.
„Ick heww," seggt Levi, „man das Ain."
„Gott's Wunder," seggt nu Abraham,
„Ich hob jo aach man blos das Ain!
Geb'n wir de Kinner doch zesamm,
Laß uns're Kinner sich doch frai'n!"
Un durt nich lang', so sünd sei handelsein.
„Na gaud! denn will'n wi doch vor allen Dingen,"
Seggt Levi nu tau Abrahamen,
„Dat negste Mal de Kinner mit uns bringen,
Wenn wi nah Güstrow wedder kamen;
Denn wenn sei beid' sick sælen frigen,
Denn möten sei sick doch ok mal tau seihen krigen."
As sei dat negste Mal nu kamen

Un sei tausam nu wedder sünd,
Fröggt Humpel-Levin Abrahamen:
„Nu? hast de mitgebrocht Dain Kind?" –
„Was wüll ich nich! Was fragst Du mir?
Main Kind is in de Kamer hir.
Doch Levi, sag', wo üs denn Dain?"
„Ich will's doch gleich zu holen gaihn. –
Doch hör'! wir wüll'n en Spoß uns machen,
Wenn ich d'ran denk, muß ich schon lachen.
Rechts in de Kammer is Dain Kind?
Nu wüll ich holen main geschwind,
Das wüll'n mer links hir in de and're bringen,
Un wenn mer Beid' hir hoben Platz genummen,
Hir auf den Sopha in de Stub',
Dann wüll'n mer mit de Klingel klingen,
Dann süll'n se Beid' zugleich herinner kummen."
„Ja Levi! ja! das is zum Lachen.
Was werden se vor Ogen machen! –
Nu sput' Dich man un lof geschwind!"
Un oll Levin, dei bringt sin Kind. –
As sei tausam nu wedder sünd,
Un ehre Kinner in de Kamer neben,
Dunn setten sei sick up den Sopha dal
Un freuen sick un dauhn sick hægen,
Wat dit woll för en Spaß würd geben,
Wenn nu de Kinner hir taum irstenmal
As Brutlüd sick tau seihen kregen.
„Paß Du mal aaf! Das würd e Spoß!" –
„Der Infall is wohrhaftig doch karjos!" –
„Ich wollt', de Memme wär derbei." –
„Na, Levi! Wenn ich sag' nu: Ains, Zwai, Drai! –
Denn kannst Du mit de Klingel laiten,
Se wüssen, was das süll bedaiten." –
Un Abrahamen seggt: „Ains – Zwai – Drai!" –
„Gott's Wunder!" röppt Levin, „Ai waih!"
„Wo üs?" röppt Abraham, „wie haißt?" –
„Bin dorüm ich her mit das Kind grais't?" –

Denn seiht, dor kümmt ut jede Kamerdör
En upgeputzten Judenjung' hervör.

De Pird'kur

Ick hadd en gauden Fründ, nu is hei dod,
Dat was en wohren Swerenoth,
Hei was en Dokter, wenn ok keinen zünft'gen,
Hei doktert blot de Unvernünft'gen,
Pird'dokter was hei, Borchert heit hei,
Un up den Kirchhof liggen deiht hei.
Gott lat em dor nu selig rauhn! –
Na. dei hadd vel enmal tau dauhn
Up einen Gaud, dat, wenn ok nich ganz dicht,
Doch ok nich wid von Wohren liggt.
Un up dat Gaud, dor wahnt – för den'n, dei't weiten will –
Noch hüt tau Dag' Herr von April. –
Herr von April, dei hadd en krankes Pird,
En Schimmelhingst, un dusend Daler wirth,
Un dormit was hei noch nich tau betalen;
Dat was dat beste Pird in sinen Stall,
Herr von April lett also Borchert halen,
Un sei bespreken nu den Fall,
Un nebenbi noch ann're Fälle;
Dunn kümmt en Mäten 'rin, dei hett en Teller
Mit Snaps un Botterbrod, dat höllt sei Borchert hen,
So as Ein dat woll einen Knecht,
Dei uns 'ne Fuhr vull Tüften bröcht,
Nah'n Sadel 'rup tau langen pleggt.
„Min Döchting," seggt uns' Borchert, „wenn
De Snaps un't Botterbrod för mi sall sin,
Denn nimm't man wedder mit, ick bün
Hüt Morgen hungrig nich en Spir." –
Herr von April entschuldigt sick nu sihr:
„Ei Borchert," seggt hei, „nehmen Sie den Teller,
Ich habe leider keinen Wein im Keller,

Sonst würd' ich sicher nicht verfehlen..."
„Herr von April, wat helpt dat Quälen,"
Seggt Borchert. „Frühstück heww ick all,
Ich denk, wie gahn jitzt nah den Stall,
Üm uns den Kranken tau beseihn?" –
Na, dat ward denn nu ok gescheihn.
De Dokter, dei bekikt dat Pird
Von un'n un baben, vörn un hinnen,
Befäuhlt dat rechtsch un linksch gelihrt,
Un as hei Allen utstudirt,
Ward hei 'ne Tidlang sick besinn. –
„Je," seggt hei endlich tau Aprillen,
„De Hingst, dei ded' sick stark verküllen,
Hei hett 'ne schreckliche Kolik,
Un mit em steiht dat gor tau slimm,
Wenn Hülp nich kümmt den Ogenblick,
Denn sünd Sei üm dat Pird herüm." –
„Ich bitt' Sie, Borchert, retten Sie das Pferd,
Das Pferd ist tausen Thaler werth.
Mein Pferd! mein Pferd! mein schöner Hengst!
Sei glauben nicht, wie ich mich ängst'!
Giebt's denn nicht ein probates Mittel?
Heraus damit! Ich hab' ja Drittel!" –
„En Mittel? Ja! en Mittel giwwt't:
Doch bet wi uns dat halen laten, bliwwt
De Hingst uns unn're Fingern dod.
Dat weit denn doch de Swerenoth,
Dat jüst kein Rothwin in den Keller is!"
„Was? – Rothwein? – Wie? Ist das es blos,
Blos Rothwein? – Ih, den hab' ich ja,
Sehr schönen Wein – Schatoh la ros' –
Ih, Borchert, Rothwein ist ja da!
Jehann! Mak tau, mak fix un gah
Hen nah den Hus' nah de Mamsell,
Dat sei uns glik hir up de Stell
So drad' un fix in'n Ogenblick
'Ne gaude Buddel Rothwin schick." –

As nu de Bengel mit de Buddel kümmt,
Giwwt hei den Dokter sei, un dese nimmt
En Proppentrecker ut de Tasch herut –
Ahn desen reis't hei niemals ut –
Un makt denn ok de Buddel up
Un prauwt tauirst en lütten Drupp,
„Herr von April, de Win is ächt.
Herr von April, ja, wie geseggt,
De Win is excellent." (Kluck, Kluck, Kluck, Kluck.)
Un wedder nimmt hei einen Sluck.
„Ja, Borchert, ja, der Wein ist gut.
Woll'n wir denn nicht einmal probiren,
Was er dem Hengst für Dienste thut?"
„Jawoll will'n wi em mal probiren,"
Seggt Borchert, un set't mit en Ruck
De Buddel wedder an. (Kluck, Kluck, Kluck, Kluck.)
„Ja, Herr, dat is en schönen Win,
Dei kann binah nich beter sin.
Schatoh la ros': Ja woll, hir steiht't!
Nie drünk ick betern Win, as dissen! – –
Hei is von Maßmann un von Nissen. –
Wat doch so'n Win so glatt 'rin geiht! –
Herr von April, so as ick mark:
De Win is æwerst woll sihr stark,
Hei hett gewiß so sine Mucken?"
Un wedder fängt hei an tau klucken.
„Ei Borchert!" röppt Herr von April,
„Ei Borchert, halten Sie doch Still,
Sie haben ja die Flasche fast geleert,
Ich denk', der Wein soll für das Pferd?"
„För't Pird? Den'n Win för't Pird?
Den'n schönen Win för't unvernünft'ge Dirt?
Herr von April, wat denken Sei!
Schatoh la ros' för't unvernünft'ge Veih?
Dor den ick anners!" (Kluck, Kluck, Kluck.)
Un drinkt de Buddel ut bet up den letzten Sluck,

Un nimmt de Buddel von den Mund:
„Herr von April, Ehr Hingst is ganz gesund."

De Schapskur

So'n Gaudsbesitters sünd gewöhnlich
Gefährlich nägenklauke Ort,
Sei dauhn, as wenn de Weisheit ganz persönlich
In ehren Kopp wir 'rinner fohrt.
Wenn ick Fru Weisheit æwerst wir,
In ehren Kopp wir ick nich 'rinner tagen,
Ick hadd mi leiwerst meid't in ehren Magen.
Dat's doch en vel behaglicher Quartier. –
Na, lat't man sin, oll Frün'n! Dat is man Spaß,
Wes't Ji man still! Gewt Jug taufreden,
Wat schert Jug dat, wenn Hinz un Klas
So in't Gelag herinner reden?
Wat makt dat ut, wenn so'n Stubenhucker
So'n jämmerlichen Kirl, so'n armen Slucker,
Dei nich 'ne Pip Toback wirth,
Ok mal eins an den Wagen führt?
Nemt Tint un Fedder, set't Jug dal
Un schriwwt: „Mein lieber Moses, schickt mich mal
Gleich auf dei Stell en dausen Daler Geld,"
Jug schickt de Jud soglik dat Geld.
Wenn ick de Sak em ok mak wichtig
Un schriw mit „mir" un „mich" ok richtig:
„Mein lieber Moses, lieber Freund,
Wollt Ihr mir nich en Thaler leih'n?"
Denn paßt mal up, denn ward't Ji seihn,
Dat hei mi nich en Daler leihnt,
Un hadd 'ck em ok wat vörgeweint. –
Na, wenn Ji dit bedenkt, oll Frün'n,
Seggt, wir denn dat woll ok nich billig,
Dat Ji mi af un an ok willig
En lütt Privatvergnäugen günnt? –

Nich wohr, Ji hollt nu up tau schellen?
Ick will Jug ok en Stück vertellen:

De Herr Karbatschky was en Ritter
In't schöne meckelbörger Land.
Na, einstens up den Sopha sitt 'e
Un grüwelt æwer allerhand;

Na, kort un gaud! dor satt un slep 'e,
(Hei was so sachten drusselt in),
Dunn kem tau em herin sin Scheper,
Un hei vermünterte sick swin'n.

„Je, Herr, mit de verdammten Hamel,
Dat weit ick nich, wat dei regiert.
Wo dat woll möt?" seggt Scheper Zamel,
„Nu is all wedder ein krepirt."

„De Sak, dei ward mi doch tau wichtig!
Den Dunner! wedder einer dod?
Ick glöw, de Sak, dei is nich richtig,
De Hitt in'n Stall, dei is tau grot."

„Ne, dat's nich wohr, dat kann 'ck nich glöwen,
Ne, Herr! wat ick Sei seggen will:
So'n twei Grad Warmniß dauh 'ck ehr gewen
Un denn en halwen Grad von Küll.

So'n Warmniß is nich æwerdrewen,
Un Jeder, dei dat Schapveih kennt,
Dei ward gewiß mi Recht d'rin gewen:
Dat is dat wohre Temp'rament."

„Wi ward'n üm all de Hamel kamen,
Paß du mal up! Du ward'st dat seihn.
Krank sünd de Hamel alltausamen,
Sei heww'n alltausam dat Dreih'n."

„Ja, mit de Krankheit ward dat gröter,
Un in den Stall süht't gruglich ut.
Wo? Venus, du verfluchter Köter!
Willst Du mal ut de Stuw herut?"

Sin Hund hadd sick herinner sleken.
„Je Herr, ick weit kein Hülp nich mihr.
Min Fru ded' ehr de Suchten breken,
Doch dat hett hulpen nich en Spir."

„Dat is doch ein gefährlich Wesen!
Doch holt mal still, dor föllt mi in:
Ick heww mal von en Mittel lesen,
Dat sall en ganz kaptales sin,

Ick les' nich vel, dat möt ick seggen,
Un Rohlwees is min einzigst Bauk;
Dei sick so up das Lesen leggen,
Dei warden all meindag' nich klauk.

Doch dit, dit will' wi mal probiren
Ob 't gaud! ob 't slicht, is einerlei;
Denn wenn sei alltausam krapiren,
Denn kümmt't nich an up ein Stück Veih."

„So!" seggt de Ritter nu tau Zameln,
Un geiht in sinen Schapstall 'rin.
„Nu grip mal einen von de Hameln
Un slep em hir mal 'rinner swin'n.

Paß up! Dit sall sick beter schicken,
As wenn Du ehr de Suchten breckst.
Ick ward den Kopp em 'runner drücken,
Un Du geihst hen un halst de Äxt.

Ick holl den Kopp em nu heranner
Up des' Sid' von de Schapstalldör,

Du geihst nu 'rümmer nah de anner
Un sleihst mal düchtig ein dorvör.

Ick tell nu „drei", Du makst Din Saken
Un giwwst em einen dücht'gen Hau." –
Un kum hett hei dat „drei" utspraken,
Bautz! sleiht denn ok de Scheper tau.

„Na, Herr, wo is't? Is hei nu wedder beter?"
Doch unse Ritter antwurt't nich,
Un as de Scheper kamm, dor set 'e
In 'n Meß un rallögt fürchterlich.

Den eignen Kopp hadd hei heranner hollen,
De Hamel hadd em 'ranner stött,
Un von de Dræhnung was hei follen
Un hadd sick in den Meß 'rin set't.

Arme Ritter!
Dit is bitter!
Wer dit ok woll denken süll!
Krawwelnd in den Meß, dor sitt 'e
Un Kopphester ümmer schütt 'e,
Wenn hei sick uprichten will.

Un de Scheper!
Ach wo grep 'e
In de Hor in sine Noth!
In den Stall herümmer lep 'e,
Un wo schreg 'e, un wo rep 'e:
„Ach, ick slog den Herren dod!"

Arme Ritter!
Gaudsbesitter!
„Ach wo möt mi dit noch gahn!
Hei ward witt un ümmer witter.

Dat mi doch dat Ungewitter
Sall glik in den Grund 'rin slahn!"

Ach, dor set 'e!
Un wo let 'e!
„Ne! dit kann ick nich verstahn!
Ach, min Angst ward ümmer gröter!
Venus, Du verfluchter Köter,
Willst Du ut den Weg mal gahn!"

„Wo?" fängt de Ritter an tau stamern,
„Wo kannst Du so en Schapskopp sin
Un an de Dör so 'ranner hamern,
Wenn ick noch gor nich farig bün?

Ick bünn noch in den Kopp ganz dæsig
Un min Verstand is dæmlich schir;
Von nu an, Scheper Zamel, les' ick
Ok in dat Dokterbauk nich mihr."

***

„Un dat, dat kæn'n Sei mi tau glöwen,"
Säd' Zamel, as hei mi 't vertellt,
„Hei les' nich mihr in sinen Lewen;
Ein Bauk würd up dat Rigel stellt."

„Na, würd de Hamel wedder beter!"
„Ih, dei würd hei un deil gesund." –
„Un Venus, de verfluchte Köter?"
„Ih, dat 's noch ümmertau min Hund." –

„Un hett't sick mit den Ritter gewen?"
„Ne, Herr, dei hett dat nich verwun'n,
Un dei is ümmer düsig blewen
Un hett meindag' sick nich besun'n."

Dat kümmt endlich doch an den Rechten

De oll Pastmeister Möller fröggt
Den Jungen, dei den Breiw utdröggt:
„Hest Du den Breiw besorgt, Jehann?" –
„Ja, Herr!" – „Ok den'n, dei an
Den Jehann Krischan Engel wir,
Dei bi den Snider Block is in de Lihr?
Hest Du sin Wahnung endlich funnen?"
„Ja, Herr," antwurt't De Burß, nahdem hei sick besunnen,
„Ja, Herr. Doch mit den ollen Breif,
Dor gung mi dat tauirst ganz eklich scheif,
De Sak, dei was sihr bisterig,
Denn in de Lagerstrat, dor wahnt hei nich.
Un wahnt en En'n lang wider an den Strand;
Un wahnt nich rechtsch, – ne! linker Hand;
Un wahnt ok nich in 't drüdde Stock –
Ne! hei wahnt unnen in den Keller;
Sin Meister is nich Snider Block,
Sin Meister, dei heit Snider Teller;
Hei sülwst, hei heit nich Krischan Engel,
Ne, hei heit Ann'meriken Dürten Rist,
Un 't is ok keinen Snider-Bengel –
Ne, Herr, 'ne oll Waschfru is 't."

Dat Sößlingsmetz

So 'n rechten Hanschendörper Bur,
Dat is 'ne snurr'ge Creatur.
Wenn dei mal kümmt tau Stadt herin,
Dat 's grad', as wenn de Ap sick in
Pickstäweln hett infangen laten
Unweit nicht recht, wo ut noch in.
Na, einmal kröp ut sinen Kathen,
De Ein von ehr, oll Jochen Hagen,
Un gung tau Stadt hen nah Stavenhagen. –
As hei nu dor herümmer dwätern deiht,
Dunn seggt tau em oll Hanne Heinz:
„Na, Brauder Hagen, na, wo geih 't?" –
„Dat geiht jo noch, so as Ji seiht." –
„Je, Brauder Hagen, hür mal eins!
So kannst Du hier nich 'rümmer lopen,
De Jung's, dei kamen süs tau Hopen,
Din Wort is tolllang unner Dine Snut,
Du sühst jo as en Farken ut.
Irst geihst Du hen un lettst Di hübsch balbieren,
Denn nahsten kannst Du 'rüm spaziren."
„Den Dunner!" seggt oll Jochen Hagen,
„Ji sünd verdeuwelt fin hir tau Stemhagen.
Na, wenn dat möt, denn möt 't ok scheihn."
Hei makt sick also up de Bein
Nah 'n oll Dokter Metzen hen.
Irst steiht hei dor un gapt un gapt;
Na, endlich seggt hei doch: „Wat gew 'ck Em wenn
Hei mi den Bort herunner schrapt?"
„Je," seggt oll Dokter Metz, „min leiwe Fründ,
Dat kümmt d'rup an, so as de Metzers sünd.
Mit dit, dor kost't de Spaß twei Gröschen."

„Den Dunner ok!" seggt Jochen Hagen,
„Dor möt 'ck binah en Dag för döschen!" –
„Denn möt Hei 't mit dat anner wagen,
Dat heww ick noch hüt Morgen wet't,
Un is taum Schilling ingeset't."
„Dat Geld is gor tau knapp up Städen,
Un slimme Tiden sünd anjetzt."
„Na, gaud, – ick will Em nich bereden, –
Denn nem Hei sick dat Sößlingsmetz." –
„Na, denn will'n w't dor mal mit probiren,
Ick heww jo anners doch kein Wahl,"
Seggt Hagen nu un set't sick dal,
Un Metz fängt an, em tau balbiren. –
Na, so 'n Stück Arbeit möt man kennen! –
Oll Metz treckt irst den Rock sick ut
Un spuckt sick dreimal in de Hän'n,
Denn de oll Hagen hadd 'ne Hut,
So as so 'n olles Seehundsfell,
Wat æwer 'n Reisekuffert is.
Oll Hagen set't nu tau Stell,
Metz höllt mit eine Hand em wiß,
Un mit de anner un dat Sößlingsmetz
Fuhrwarkt hei em nu in 't Gesicht herin.
„Na," denkt oll Hagen, „ dit 's wat Nett's!
Wat ick doch för en Esel bün!
Dit heww ick würklich nüdlich drapen."
Doch 't süll noch fiwmal anners kamen. –
Metz ward nu unner 't Kinn em schrapen!
Oll Hagen bitt de Tähn tausamen,
Hei bört den Kopp so hoch un ümmer höger,
Binah vör Weihdag lud'hals' schreg 'e;
De Gördel ward em ümmer enger,
Hei ward so lang un ümmer länger,
Binah so lang as Lewerenzens Kind.
„Holt! Dunnerwetter! Holt mit Din Geschind!
Meinst Du, dat ick min Fell heww stahlen?
Un dorför sall ick noch betahlen?" –

„Ih wat!" seggt Metz, „sitt Du man wiß.
Dat treckt sick Allens wedder t'recht.
Bedenk, dat dit en Aewergang man is,
As tau de Hun'n de Voß hadd seggt,
As sei dat Fell em æw're Uhren togen.
De Tähn tausam! un tau de Ogen!
Mak doch nich glik so 'n grot Gewes'!
Wi kamen nu irst unn're Näs'!"
Un nu gung 't wedder los up unsen Ollen.
Hei kreg em an de Näs' tau hollen,
As würd hei 'n gor nich anners tämsen,
Un wull'n sick irst en beten bremsen.
De Oll künn rögen sick nich im Geringsten,
Doch as dat Ding den Anfang namm,
Dunn denkt hei doch, dat Ostern glik un Pingsten
Up einen Dag tausamen kamm. –
Hadd Metz em irsten reckt nah baben,
Denn drückt hei 'n nu in einen Dutten nedder;
So lütting würd oll Hagen wedder,
As würd hei ganz tausamen schraben.
De Thranen lepen an de Backen 'run,
Dat Sößlingsmetz, dat rackt un schunn,
As wenn so 'n durn-dörchfluchten Egt
Em unn're Näs' herümmer fegt.
Un länger kunn hei nu nich swigen;
Hei fun nu lud'hals' an tau schrigen:
„Verfluchter Hund! nu lat mi los.
Ick wull, ick hadd Di, Racker, blos,
Wo ick Di hewwen wull; ick wull Di 't lihren!
Du Ekel! Nennst Du dat balbiren?
Ick will dat nu nich länger liden;
Nu, lettst Du los mi up de Stell!
Du sallst nu länger nich ut minen Fell
Mit Din verfluchtes Metz Di Reimen sniden!"
Un dormit löppt hei ut de Dör herut.
Oh Jemine, wo sach hei ut!
Binah dat ganz Gesicht was schunnen.

Knapp is de irste Weihdag'nu verwunnen,
Ward hei irst sin Geschäft besorgen,
Un geiht denn nahst, kümmst hüt nich, kümmst Du morgen,
Den Weg nah Hus de Strat herunner,
Dat ganz Gesicht vull luter Tunner.
Hei möt an Metzen sin Hus' vörbi,
Un as hei neger kümmt ganz sachten,
Dunn hürt hei en gefährliches Geschri –
Oll Metz, dei let sin Swin jüst slachten. –
„Haha!" seggt hei, „nu ishei wedder bi;
Nu lett sick wedder Ein balbiren."
Hei steiht nu still, üm sick dat antauhüren,
Un durt nich lang', veduwwelt sick 't Geschri,
Un 't ward 'ne Wirthschaft un gewes'.
„Haha!" seggt hei, „nu is hei unn're Näs'!"

Dat Koffedrinken

En annermal kamm Jochen Schmul
Ut Hanschendörp tau Stadt herin.
Oll Jochen was en Leckermul:
'Ne Potschon Koffe süll dat sin!
Hei hadd so vel von Koffe hürt
Un hadd seindag'em nich prebirt –
Hei et des Morgens Klütersupp –
Hüt steg em nu so 'n Giwwel up,
Hei wull hüt mal eins vörnem lewen
Un let sick also Koffe gewen.
De Koffe würd herinner bröcht,
Oll Jochen set't sick nu taurecht
Un süht sick de Geschicht irst an:
De Tass', den Läpel un de Kann,
Wotau de Dinger woll sünd nütt!
De Läpel schint em gor tau lütt,
Hei is tau lütt för sine Finger.
Un denn de beiden Tassendinger!
Na, endlich möt hei doch heran.
Hei langt sick also her de Kann
Un schenkt sick ok 'ne Tass' vull in;
Un as hei dit Stück hett taurecht,
Nimmt hei den Läpel, süfzt un seggt:
„Je, 't mag jo Mod' woll jetzund sin!"
Un fängt nu langsam an tau läpeln.
Hei ett un ett, dat will nich schäpeln;
De Sak kümmt em tau tarig vör,
Un as de Wirth geiht ut de Dör,
Dunn kickt hei sick so willd herüm,
Ob em ok wer woll wohren künn,
Un ob hei wir woll ganz allein.

„Je, wenn ick wüßt, dat seg' mi Kein,"
Seggt hei, „ick ded' 't, ick ded' 't, der Düwel hal!
Ick nem' de Tass' un söp enmal!"

Moy inrich't

„Ja, Kinder, ja!" seggt Köster Suhr,
„Ja, Kinder, ja! Glaubt mich das nur!
Seht, uns're Welt, dat is 'ne Welt,
Wie 's nahrens eine giebt hier in der Welt.
Ich wär schon weit herumgekommen
Auf meine Wanderschaft, als ich noch Schneider wär,
Doch hätt ich niemals nich vernommen,
Daß 's ne bess're gebe mehr;
Das heißt, den Himmel ausgenommen.
Das kann ein Jedwerein insehn.
Ne, uns're Welt un all die Sachen,
Die in ihr sünd, die sünd so schön,
Daß ich sie selbst nich könnte besser machen.
Die ganze Welt is wunderbor
Un klug un hellschen weis' inricht't,
Un eigentlich is nicks nich slicht;
Da stimmet Allens up en Hor,
Un weislich is das ausgesunn'n.
Un stimmt genau up Stick un Stun'n.
Gott schuf den Menschen un den Affen;
Worüm hat er denn woll das Jahr erschaffen? –
Wer weiß 't? Besinnt Euch noch en beten! – –
Ihr dummen Jung's, Ihr wißt das nich? – –
Seht! das is dorüm so inricht't,
Daß jeder Knecht un jedes Mäten
Zu rechter Zei sein Jahrlohn kriggt,
Un unserein sein bitschen Geld,
Daß doch die Kinder, wenn der Snee denn föllt,
Nich 's Winters laufen brauchen barst;
Un denn das Korn auch auf 'n Harst. –
Un denn die Monat! Seht, wie wunderbor!

Zwölf Monat hat ein jedes Johr,
Un jeder Monat dreißig Tag',
Un etliche noch einen Tag mehr.
Klænhamels Jehann Jöching, sag',
Wo kömmt denn diese Sach woll her?"
„Von die Karninkens kömmt das her,
Wil die denn ümmer jungen dauhn." –
„Ganz richtig! Seht, da könnt Ihr 's schaun,
Von die Karninkens kömmt das her." –
„Wo is das aber, Meister Suhr,
Daß achtundzwanzig Dag' doch nur
Der Monat Februari hat?"
„Auch das ist ganz nach Gottes Rath
Verstännig un sehr klug inricht't,
Sonst güng das mit den Klennje nicht.
Seht diesen kleinen Klennje an,
Der hier an dieser Wand thut hängen.
Was sollt denn woll der arme Mann,
Der ihn gemachet hat, anfängen,
Wenn wir nu in den Februwor,
So as in's andere ganze Johr,
Auch einunddreißig Tage hätten?
Wo süll den Stempel er hensetten?"

De Versorgung

„Hir sünd twei Breif, verstah mi recht,"
Seggt Herr von Busche tau den Knecht,
„Dei kannst Du mi gelegentlich besorgen,
Un is 't nich hüt, so is dat morgen.
Wenn Einer mal nah Treptow geiht,
Dann giww s' em mit un segg mi den Bescheid."
Nah ein'ge Tid, dor süht hei sinen Knecht,
Un röppt em tau: „Jehann!" un fröggt:
„Hest Du den Breif herinnerr bröcht?" –
„Ne, Herr! dat wull sick noch nich schicken." –
„Du büst doch gistern 'rinner west." –
„Ja! dat, dat was jo mit de Wicken,
Dat was jo ganz exprest,
Un Sei, Sei säden mi jo klor,
Dat mit de Breiw, dat hadd noch ganz un gor
Kein JI, dat ded' nich dringen,
Ick süll s' gelegentlich herinner bringen." –
„Du büst en Klas un bliwwst ok ein!"
Röppt Herr von Busche. „Na Du mein!
So 'n Dummheit is doch schir tau dull!
Du büst noch dümmer as en Rind!
Wenn ick en Esel schicken wull,
Denn hadd 'ck dat sülwst besorgen künnt."

Dor hest eins!

De Herr von Buck, en finen Eddelmann,
Dei ok Regierungsrath ded' sin,
Dei kamm einaml des Abends tau Malchin
In städtische Geschäften an.
Hei söcht en Gasthof sick, en rechten stillen, –
Wenn ick nich irr', was dat bi Büllen, –
Un as hei dor wat eten hett,
Dunn ward hei Mäud'un geiht tau Bedd. –
Na, as hei nu des Morgens früh
Ganz mäud' noch in de Feddern liggt,
Dunn tut't de Kauhhird' sine Melodi,
Un wohr is 't, tuten ded' hei slicht,
Un unser Herr von Buck, de Herr Regierungsrath,
Dei würd doræwer ganz kasprat. –
Kum slöppt hei wedder nu en Happen,
Dunn fängt de Swinhird' an tau klappen
Un weckt em ut den Drom, worin
Hei grad'vör den Großherzog stünn,
Un de Großherzog tau em säd'
Un em de Hand up sine Schuller läd':
„Min leiwe Herr von Buck, ick wünschte, ick
Hadd mihr von so 'ne Bück in minen Land,
Denn wir de ganze Sak bewandt;
Tau Gärtners makt ick all de Bück,
Vör Allen Sei un Ehr Geswister; –
Ick heww nu einmal so 'ne Grappen –
Sei sünd von jetzt an öbberster Minister."
Dunn fung de Swinhird' an tau klappen. –
Na, dat em dit woll argern müßt,
Dat oll Geklapp, dat kann 'ck mi denken;
Viellicht hadd de Großherzog em noch küßt,

Würd em viellicht en Gaud noch schenken,
Un nu kreg hei ok nich en Happen,
Un dat kamm ganz allein von 't olle Klappen. –
Na, hei sprung 'ruter ut de Posen,
So arg, as Einer warden kann,
Un fohrt herinner in de Hosen
Un treckt sick de Kledaschen an.
„Ut so en Drom so 'rut tau kamen!
Ick glöw', all't Veih up dese Ird'
Kümmt hir in dit oll Lock tausamen.
Wenn nich dit dæmlich Klappen wir,
Un wenn 'ck nich dorvon wir upwakt,
Hei hadd mi würklich taum Minister makt,
Un dat, dat süll mi nich verdreiten?"
Dunn fängt de Scheper an tau fläuten,
Un dorup fängt dat an tau blaren.
Uns' Herr von Buck ward heil taum Naren. –
„Nein," röppt hei, „dies wird mir zu kraus.
Dies halt denn doch der Teufel aus!"
Hei spaud't sick nu un wascht sick swin'n
Un löppt vör Arger nah de Gaststuw 'rin.
Un as hei endlich is dor un'n,
Dröppt hei den Wirth sin beiden Hun'n,
Dei sick dor lustig 'rümmer jagen,
Un vör dat Finster steiht en Kalwerwagen
Un eine Kutsch mit fette Swin –
'Ne Reis'gesellschaft nah Berlin –
Un æwer'n Mark, dor warden eben
Taufällig fett Ossen drewen.
„Dat weit der Deuwel!" seggt der Herr von Buck
Tau Henningsen, dei sinen Morgensluck
Bi Büllen in de Gastuw drinkt,
„Dat weit der Deuwel! As mi dünkt,
Wahnt hir jo nicks as luter Veih.
Wohen ick hür, wohen ick seih,
Seih ick blot Veih un luter Veih." –
„Ja, gned'ge Herr Regierungsrath,"

Seggt de lütt Hennings, „in de Stadt
Is allerdings vel Veih, dat is gewiß;
Doch vel, dat hett hir blot logirt
Un is von buten 'rinner führt;
Ne, Herr von Buck, dat glöwen S' mi,
Vel frömdes Veih is ok dorbi."

As Du mi, so ick Di

„Fritz Lemk! Fritz Lemk! oh ein por Würd'!"
„Wat sall ick, Jud'?" seggt Lemk un höllt sin Pird'.
„Na, dat is schön, dat ick Di hir getrefft.
Kannst führen mi hüt Abend nah Penzlin?
Heww ick doch dor en lütt Geschäft
Mit minen Swager Salomon Levin." –
„Hüt Abend noch? Bi so'n Weg? in'n Düstern?
Dat is so'n Sak! Wenn wi man nich verbistern.
Un denn de Weg, dei kann nich slichter sin,
Dat geiht bet an de Schinken 'rin. –
In'n Düstern un son'n Weg! Dat sünd so'n Saken,
Bi so 'ne Fohrt riskirt man jo sin Lewen." –
„Na nu! wat sall ick dauhn? wat sall ick maken?
Ick will acht Gröschen mihr Di gewen." –
„De Weg, dei is tau mörderlich!
En Daler giwwst Du mihr, süs führ ick nich."
„Wi haißt? – En Tholer mehr? Ai waih!
Das ganz Geschäftsche is en Tholer drei." –
„Du giwwst en Daler mihr, will ick Di seggen."
„Wat sall ick dauhn? Wat sall ick maken?
Heww ick doch minen Swager dat verspraken,
Möt ick den Daler tau woll leggen." – –
De Reis' geiht los. Dat was en Weg!
De Pird', dei künnen knapp den Wagen teihn,
Un düster was dat, na, ick segg! –
Man kann kein Hand vör Ogen seihn.
Den Juden würd't mit Grund-Is gahn,
So lang' hei lewt, dacht hei an dese Nacht.
Fritz Lemk ward up de Mähren slahn,
Un gung't nich dull, so gung't doch sacht;
De Wagen lagg jo nich 'rümmer,

Un'n beten wider gung't doch ümmer;
Penzlin dat müßt doch endlich 'ran.
Doch horch an't En'n! seggt Kotelmann.
So kamen s' endlich gegen Möllen,
Wo dunnmals noch en engen Hollweg was,
As beide Mähren nah en Lock 'rin föllen.
„Nu rohr!" röppt Lemk. „Nu rad', Scheif-As!"
De Jud', dei kreg en dägten Schreck:
„Ai waih! wo üs? Wo üs denn gepassirt?"
Fritz Lemk, dei deiht, as wenn hei gor nicks hürt,
Un springt mit beiden Beinen in den Dreck
Un will sin Pird' tau Höchten bringen;
Doch will em lang' dit nich gelingen.
Un as hei so sick dor noch afmaracht,
Dunn kümmt den Hollweg 'rup en annern Wagen.
De Fuhrmann röppt: „Dau!! Platz gemacht!
Wi will'n hüt Abend noch hen nah Stemhagen."
„Ih, Brauder, sett Di doch kein Rupen in den Kopp,"
Seggt Lemk, „nimm Dine Lin un zopp
Den Hollweg 'run. Taurügg mit Di!
Hir is't tau eng; hir geiht dat nich vörbi."
De Anner æwer will den Weg entlang;
Un't ward en Schimpen un un Schellen;
Uns' Jud', dei ward sick ok noch mellen
Un schimpt un ßackerirt mit mang;
De anner Jud', dei lett sick ok verluden –
Denn de Penzliner führte ok en Juden –
Un schimpt heruter ut den Wagen:
„Bei die Gerichten will er sie verklagen!"
Nu kümmt uns' Moses ganz in Wuth
Un eselt den Penzliner ut,
Un schellt von Snurrer, Lumpenhund.
Dit ward den annern Fuhrmann doch tau bunt,
Hei halt sick unsen Moses denn tauletzt
Woll æwer'n Ledderbom heræwer,
Un makt sick mit de Swäp doræwer,
Un strigelt em nu nah't Gesetz. –

Fritz Lemk süht sick de Sak bedächtig an –
Dat Ding em woll gefallen kann –
Irst kratzt hei sick 'ne Tidlang acht're Uhren:
„Ih," seggt hei, „wat sall ick noch länger luren?"
Kriggt d'rup den annern Juden bi den Kragen
Un fängt ganz ruhig an, up desen lostauslagen.
„Sall slahn hir warden, denn slag' Jeder sinen,
Sleihst Du mi minen Juden, slag' ick Dinen."

De Tigerjagd

Up Fischland is't en wohren Spaß,
Dor heiten s' altausamen „Klas".
„Klas, segg mal, Klas", so fröggt de Ein,
„Klas, hest Du minen Klas nich seihn?"
„Ja," antwurt't denn de Anner, „Klas,
Din Klas, dei gung mit minen Klas
Tausamen nah Klas Klasen sin Klas."
Na gaud! von Klas Klasen sinen Klas
Vertell ick Jug en netten Spaß,
Den'n hei mi sülwst vertellt eins hett.
Dat Läuschen is ok gor tau nett. – –
So fung hei an: „Ick führt enmal
Up eine nige, smucke Brigg
Von Rostock nah Ostin'jen dal.
Dat was 'ne moy Fohrt, un't durt ok nich
Grad' all tau lang', dunn läden wi
Ganz dichting vör Ostin'jen bi
Na, wer dor jichtens weit Bescheid,
Dei ward mi instahn, dor is't heit;
Un up de olle nakte Brigg,
Dor brenn de Sünn ganz mörderlich.
Wi kakten in de Sünn uns Kaffe,
De Hälften Lüd' verrbrennten ehre Näsen,
Dat Hor, dat snirrte von den Kopp so 'rasse,
De Tunner in de Tasch fung an tau glæsen,
Un unsen ollen Stüermann,
Den'n smölt'ten sin Knöp herunner von de Jack;
Dat ganze Schipp dat fung tau dampen an,
As wenn so'n Wallfisch rokt Toback. –
„Klas, spaud' Di, kumm!" seggt uns' Kapteihn,
„wi will'n mal 'ranner an dat Land,

Un will'n uns dor mal an den Strand
Eins nah en beter Flag ümseihn.
Wenn dit en beten länger durt,
Denn seng' ick an, halw bün 'ck all smurt."
Na, dat was gaud, wi kemen denn
Ok an dat Land heran un läden
Uns an den Strand in't Käule hen,
Wo olle Tunnen liggen deden.
Wie legen achter eine grote Tunn,
Dei von de annern afsid' stunn,
Un dei woll mal eins lack was word'n,
Denn unnen hadd sei keinen Bodd'n.
Na, de Kapteihn, dei hir all wüßt Bescheid
Un in Ostin'jen öfter west all was,
Dei seggt tau mi: „Hir giww man düchtig Paß,
Wat sick kein Tiger wisen deiht;
De Tigers sünd hir gor tau slimm,
Sei lopen hir tau Lan'n herüm –
Du kannst mi dat tau glöwen, Klasen –
Grad' as in Meckelborg de Hasen."
Un as hei so nu noch vertellt,
Dunn was mi dat doch liksterwelt,
As würd sick achter mi wat rögen.
Ick ward' mi üm de Tunn 'rüm bögen,
Gotts Dunner! wo verfirt ick mi,
En Tiger, dei stunn dichting bi.
„Herr Jesus! kiken S', Herr Kapteihn,
Du leiwer Gott! dor steiht all ein.
Wat sall dit warden? Gott erbarm!"
„Swig' still," seggt de Kapteihn, „mak keinen Larm,
Dei sall 'e her, lat mi man maken,
Denn ick verstah mi up so'n Saken;
Dei sall ut't letzte Lock bald pipen,
Dat's einer von de rechten ripen,
Paß Du mal up! Den'n will w' uns gripen."
Un as hei dit hett eben seggt,
Dunn makt de Tiger einen Sprung,

Doch de Kapteihn, dei kippt dat Fatt tau Höcht,
Un in den ledd'gen Bodd'n dor fung
Hei glücklich unsen Tiger in.
Dunn kippt dat Fatt hei wedder üm.
Fast satt de Tiger! Fixing dunn
Sprung hei herupper up de Tunn,
Un ick sprung ok tauglik mit 'rup;
So set' wi Beid' denn baben up,
Un unnerr uns dor prust't un mau't dat Dirt
Un kratzt un wirthschaft't un regirt
Un makt denn so'n Upstand schir,
As wenn de Deuwel unklauk wir. –
Herrr Jemine! wo würd mi gräsen!
"Klas Klasen," seggt nu de Kapteihn,
"Paß Du mal up, Du ward'st dat seihn,
Hei stött mit sin gefährlich Wesen
Tauletzt de olle Tunn noch üm,
Un denn ward de Geschicht irst slimm."
Un dorbi langt hei in dat Spundlock 'rin
Un kriggt den ollen Tiger swin'n
Bi sinen langen Start tau faten.
"Nu kumm mal her un fat mit an!
Wi dörw'n em nu nich fohren laten."
En Jeder höllt nu, wat hei kann.
Nu fängt dat Dirt denn an tau bröllen
Mit eine wohre Ossenstimm
Un towte in de Tunn herüm,
Dat wi binah herunner föllen.
"Herr," segg ick, "wenn de Start nu ritt,
Un wenn hei ut de Hand uns glitt!"
"Holl Du man wiß, hei ward nich riten,
Ick weit Bescheid un kenn de Switen;
Ick bün hir früher jo all reis't
Un heww all männig Tigerbeist
Bi sinen Start tau hollen hatt."
Kum hadd hei't seggt, dunn slogen wi en Rad,
Dunn kippt, so as dat Beist sick rögt,

De olle dwatsche Tunn tau Höcht,
Un de Kapteihn un ick herun!
Un't Beist was 'ruter ut de Tunn.
„Holl wiß!" röppt de Kapteihn, „holl wiß!
Süs kriggt de Racker uns tau packen.
Klas Klasen, holl! Wi sünd verluren süs! –
Nu neiht 'e ut! Nu spuck Di unn're Hacken!"
Ick höll un höll nu allermeist,
Un furt gung nu mit uns dat Beist,
Furt gung hei mit uns buschherin;
Wi Beiden ümmer achter d'rin.
„Dat holl de Düwel ut, Kapteihn!
Dat Dirt, dat is tau fix tau Bein."
„Ja," seggt hei, „ja! dit is de Lasch'!
Beholl man ümmer frische Krasch'!
Dat Lopen sall nich ewig duren,
Wi sünd dörchut noch nich verluren!"
Un dormit wickelt hei un wünn
Den Start sick üm de Hand herüm
Un slog en groten Knuppen in.
„Klas Klasen, so! nu lat man los!"
Ick let nu los, un fläuten gung 'e.
Herr Je! wo let dat doch kurjos!
Wo towt de Tiger un wo sprung 'e!
Wo würd hei in dat Holt 'rin bündeln,
Wo kratzt hei ut mit dat oll Fatt,
Dat hir bald in den Busch satt fast,
Bald an en Bom heran ded' tründeln.
Dat was putzlistig antauseihn.
„Klas Klasen," seggt nu de Kapteihn,
„Du wirst woll sihr in Ängsten, Maat?
Paß up un hür up minen Rath:
Wenn Du mal büst recht in Gefohren,
Wo Di dat Metz steiht an de Kehl,
Denn fang nich gliksten an tau rohren
Un schri un jammer nich tau vel,

Denn fat dat Ding an'n Start geswin'n
Un slag' en dücht'gen Knuppen 'rin."

Endlich

„Wenn mi morgen dat Weder so paßlich bedünkt,
    will ick ledden de Ossen tau Stadt:
Sei sünd grot un sünd stark, denn ick heww sei fiw Johr
    up de Beid' un in Fauder all hatt.
Doch ick krig' s' nich verhandelt, Ji sælt dat man seihn,"
    seggt de Bur, gewt blot man mal Acht!
Denn meindag' nich is't kamen, as ick mi't heww drömt,
    un meindag' nich, as ick mi't dacht."

Un de annern Morgen tau richtige Tid,
    dor hett hei de Ossen in't Strick.
„Na, en Daler'ne föftig," so denkt hei, „dei krig' 'ck,
    wenn ick jichtens up Morgen heww Glück.
Wat ick födder, sünd s' wirth, denn sei sünd beid' gesund,
    un sei beid' sünd so glatt un so wacht;
Doch meindag' nich is't kamen, as ick mi't heww drömt,
    un meindag' nich, as ick mi't heww dacht."

Un de Köpers, dei kamen un schüdden den Kopp:
    „Ne! de Pris, min oll Fründ, is tau stark."
Un de Bur, dei täuwt, un de Bur, dei lurt,
    un hei steiht, bet vörbi is dat Mark.
As de Mark nu vörbi is, dunn ledd't hei dat Veih
    in de Straten hendalen ganz sacht:
„'T is ok ditmal nich kamen, as ick mi't heww drömt,
    un ok ditmal nich, as ick mi't heww dacht."

As hei ledd't nu nah Hus', dor dröppt hei 'ne Bäk,
    un æwer de Bäk liggt en Steg,
Un nich rechtsch, un nich linksch kann hei kamen vörbi,
    hei möt æwer dat Steg æwerweg.

Un so steiht hei bedenklich un kratzt sick den Kopp
 un hei seggt tau sick sülwst mit Bedacht:
„Süll dat ditmal woll kamen, so as mi dat drömt,
 un woll ditmal, so as ick mi't dacht?"

Un de Ossen, dei gahn nu woll æwer de Bäk,
 un de Bur, dei geiht in de Midd,
Un de Ossen, dei stöten un riten an't Strick,
 un sei riten em 'rin in de Pütt;
Un de Bur, dei krawwelt sick 'rut ut den Paul,
 un hei stellt sick hen, freut sick un lacht:
„Ja! un ditmal is't kamen, as ick mi't heww drömt,
 ja! un ditmal, as ick mi't heww dacht."

De Hülp

„Wi krig'n doch nich dat Heu taurecht,"
Seggt Bur Fischer tau Kammin. –
„Jehann! – Jehann!" röppt hei den Knecht.
„Wo Deuwel mag de Bengel sin?"
Na, endlich krüppt Jehann heruter ut dat Stroh:
„Wat will Hei denn! Hir bün ick jo!" –
„Hürst Du denn nich, dat ick hir rohr?
Wat kümmst Du nich, wat makst Du dor?"
„Oh, nicks nich, Herr! ick lagg en beten.
Hüt Middag heww 'ck so dick mi freten,
Un wull en lüttes Spirken slapen."
„Wo is denn Krischan?" – „Ick bün ok tau Hannen,"
Seggt hei un kümmt nu ok heruter schaben.
„Na, segg! wat makst denn Du dor baben?"
„Oh, nicks nich, Herr! Ick hülp Jehannen."

De Verwesselung

Tau Parchen wahnte mal en riken Knast,
En Dokter was't von Profeschon
Un einen rechten Gizhals was't,
Un't was en schawwigen Patron.
Hei ded' dorbi up Pänner leihnen
Un hadd hei'n fat't, so stöpt hei Einen
Mit kollen Blaud ut't Fell herut –
Hei was so'n rechten witten Jud' –
Un Sanetätsrath würd hei titulirt;
Ick glöw, nu is hei längst krepirt. – –
De Kirl hadd gor kei Dugend un kein Ihr,
Mit ganze lege Ding' bemengt hei sick.
Un hadd hei eine Sak in't Strick,
Dei 'n beten unnerkütig wir,
Dat hei mit de Gerichten kamm tausamen,
Denn müßt oll P'rükenmaker Zülow kamen,
Dei müßt för em de Sak utfreten
Un dorför gaww hei em en Beten,
Dat was nu nich taum Lewen un taum Starwen,
Un ümmer müßt hei up de Beinen sin;
De Schand', dei kamm up Zülow'n sinen Karwen,
Up den San'tätsrath sinen de Gewinn. – –
Na, eins satt unse Dokter in sine Stuw
Un wull en Frühstück tau sick nemen;
Hei wull sick hüt mal recht wat tämen,
Un hadd 'ne Buddel Win, 'ne kolle Duw
Un einen rechten fetten Hahn –
Dei prahlte recht, as sühst Du mi –
Taum Snabuliren vör sick stahn.
De P'rükenmaker stunn dorbi.
De Dokter wull jüst sitten gahn –

So recht apptitlich was em hüt tau Sinn –
Dunn kamm Wer nah den Husdör 'rin.
„Da schlag' doch gleich das Wetter drein!
Man kann doch nicht sein Gläschen Wein,
Sein bischen Frühstück nicht verzehren,
Ein jeder Narr muß einen stören! –
Min leiwe Zülow, seggen Sei doch den Mann,
Dat ick em jitzt nich spreken kann,
Dat ick em hüt kein Geld kann borgen,
Dorut künn nicks nich warden, ihre morgen."
Un dormit flitscht hei nah de Kamer 'rin,
Von wo hei Allens wohren künn,
Wat vören in de Stuw gung vör.
Na, 't durt nich lang', dunn kloppt dat an de Dör:
„Gu'n Morgen!" kümmt en Mann herin,
„Herr Sanetätsrath, oh, ick wull man blot …."
„Na," denkt uns' Zülow, „Swerenoth!
De Kirl, dei meint in sinen Sinn,
Dat ick de Sanetätsrath bün."
Dat kettelt em denn ganz verdüwelt,
Un dat de Mann ok gor nich twiselt,
Dat hei de Sanetätsrath is,
Set't achter'n Disch hei sick behaglich wiß,
Un fängt mit Metz un Gabel an tau spelen
Un kickt de Duw un kickt den Hahn sick an,
As wir hei noch nich eins, wat hei süll wählen.
„Guten Morgen! Morgen! lieber Mann."
De Mann, dei bringt sin Saken vör,
Vertellt em Allens lang un breit;
De Sanetätsrath lurte acht're Dör;
Em ward bald kolt, em ward bald heit,
As hei den ßackermentschen P'rükenmaker
So mit dat Metz handtiren süht.
„Na, täuw!" denkt hei, „entsamte Racker,
Ick jag' Di ut den Hus' noch hüt."
Uns' Zülow kann nich länger wedderstahn,
Ratsch! ratsch! hett hei en Stück herunner von den Hahn,

Un nu noch dit! un nu noch ein!
Un nu 'ne Flücht! un nu en Bein! –
De Sanetätsrath plinkt un drauht;
Uns' Zülow süht dat All recht gaud,
Hei lett sick æwerst gor nich stüren,
Hei möt de Düw ok irst probiren.
„Ganz recht, ja, ja! Das ist ganz richtig!
Sie haben Recht, mein Freund; die Sach'ist wichtig!
Doch haben Sie die Güt', erzählen Sie's doch mal."
Un dörbi nödigt hei den Frömden dal.
De Duw, dei smeckt ok gor tau lecker!
Hei halt sick nu en Proppentrecker
Un schenkt dorup sick Win in't Glas.
De Sanetätsrath, dei würd dodenblaß,
Hei drauht un winkt, hei drauht un plinkt,
Dat helpt em nicks, de P'rükenmaker drinkt
En Gläsken nah dat anner ut.
De Sanetätsrath bewerte vör Wuth;
De P'rükenmaker süht dat ganz genau
Un drinkt sin Glas un grint em tau
Un drinkt un schenkt sick wedder in
Un drinkt, so lang' noch einen Druppen d'rin,
Un as hei dit Stück hett taurecht,
Steiht von den Disch hei up un seggt:
„Min leiwe Fründ, Sei meinen sicherlich,
Dat ick de Sanetätsrath bün?
De Sanetätsrath bün ick nich,
Ne! Ick bün P'rükenmaker Zülow.
Süh hir!" röppt hei un schüwwt den Frömden vor
Un ritt wid up de Kamerdör
Un grippt in Hast nah sine Mütz:
„Hir steiht de rechte Vagel Bülow,
Hir lurt hei acht're Dörenritz."

Dat En´n

As ick tau Rostock in de Kopmannslihr,
Hadd ick en gauden Fründ, dei 'n beten düsig wir.
Mit den'n gung ick des Sünndags mal
Verluren an den Strand hendal,
Üm uns de Schäp mal antauseihn.
Na gaud, wi güngen 'rüm un stünn'n
Un keken tau, wo up dat ein
De Lüd' en Tau herupper wünn'n.
De Kirls, dei rögten fix de Hän'n,
Doch hadd dat Tau noch ümmer nich en En'n.
„Ne," segg ick, „will'n man wider gahn!
Wat sæl'n wi hir as Naren stahn?
De Sak schint hüt kein En'n tau finnen,
Dei kæn'n noch æwermorgen winnen."
„Na," seggt min Fründ un makt en klauk Gesicht,
„Paß up, dit ward 'ne snurrige Geschicht.
Dat En'n, dat krigen s' nich tau Städen;
Ick wedd dorup, sei finnen kein,
Paß Du mal up, Du ward'st dat seihn:
De Jung's, dei heww'n dat En'n afsneden."

Twei Geschichten ut de Slomsjohren
von minen Fründ Rein...

DE KARNALLJENVAGEL

In Rostock was mal en Student,
Den'n Jedermann in'n ganzen Lan'n nu kennt.
Hei hett 'ne krumme Näs' un lange Bein,
Mit Vadersnamen heit hei Rein...
Un was un is en lustigen Gesell,
Dei männig drullig Stück utäuwt,
Von dei ick ein, wenn't Jug beleiwt.
In smucke Rimels hir vertell. –
Uns' Herr Student, dei wahnt einmal
In eine Strat rechtsch nah den Strand hendal,
Bi einem Schauster in, mit Namen Pagel,
Dei hadd en köstlichen Karnalljenvagel.
So wat von Singen heww 'ck meindag' nich hürt!
Dat was en lüttes pracht'ges Dirt
Un hung in sine Stuw' an einem Nagel
Un was den Schauster æwer Allens wirth. –
Eins kamm nu unse Musche Rein ...
De Trepp hendal mit sine lange Bein,
In sine Hand dat Tintenfaß,
Un einen ganzen groten Larm
Von Bäuker unner sinen Arm,
Wat sünsten jüst sin Mod' nich was;
De Schauster stunn up sine Del;
De Vagel sung ut vulle Kehl.
„Oh, hür'n S' doch mal den Vagel an,
Wat dat lütt Dirt schön singen kann!
Dei hett," seggt Pagel, „nahrens sines Gliken.
Oh, kamen S' doch mal 'rin, em tau bekiken."

Un Rein ...., dei geiht denn ok mit Meister Pagel 'rin.
Doch as den Vagel hei tau seihen kriggt,
Makt hei en ganz bedenkliches Gesicht,
As wull em wat nich recht in sinen Kopp herin.
„De Vagel," seggt hei, „mag recht schön woll sin,
Un dat hei prächtig singt, dat heww ick hürt;
Doch stah ick Sei mit nicks nich in,
Dat hei Sei negstens nich krepirt." –
„Wo so? – Wo ans? – Oh, Herr Du meines Lewens!
Ick bidd Sei doch üm dusend Pund!
De Vagel lett doch so gesund!
Min leiw Herr Rein ...., ick bidd Sei, gewen S'
Mi för den Fall en gauden Rath;
Ick heww tau Sei so'n Tauverlat."
„Je, seihn S'," seggt Rein ...., „jitzt is dat so de Tid,
Wo dese Dire sick an tau verpuppen fängen,
Un wenn sei denn nich buten hängen,
Recht in de frische Luft un in den Sünnenschin,
Min leiwe Meister, seihn S', denn kann dat sin,
Dat dor en Unglück mit geschüht;
Un dat kann kamen, ihrr man sick't versüht.
Nu möt hei 'ruter an en luftig Flag
Un hängen bet taum nägten Dag."
„Verpuppen? – Verpuppen? – Ih, dat heww 'ck doch allmeindag,
So lang' ick lew, von Keinen hürt!
Doch leiwer, dat hei mi krapirt,
Häng ick em buten æwer't Finster an,
So dat 'ck em ümmer wohren kann. – –
Süh so! Nu kannst Du Di verpuppen!"
De Schauster stunn nu ümmer furt
An sinen Finster, kek un lurt,
Ob sick sin Vagel nich verpuppen wull.
„Ih, Vader," seggt sin Fru, „dit is doch rein tau dull,
Du steihst jo ümmer up dat sülwig Flag,
So täuw doch man, dat ward sick finnen.
So täuw doch bet taum nägten Dag."
„Ick glöw, hei ward dat nich verwinnen."

Seggt Pagel, „denn 'ne hellsche Qual
Un ein sihr swor Stück Arbeit is't.
Bedenk doch, Mudder, blot einmal,
Wenn Du Di so verpuppen müßt."
Den Abend vör den nägten Dag,
As all tau Bedd de Schauster lagg,
Dunn halt sick Rein .... dat Burken von den Nagel
Un langt sick den Karnalljenvagel
Un set't, so wohr ick ihrlich bün,
Den Schauster eine Kreih herin.
As nu de Schauster Morgens wakt,
Dunn hürt hei, dat de Kreih dor krakt;
Hei springt nu ut dat Bedd un up den Staul un up't
Oll Finsterbrett ok glik herup un röppt
Nah sine Fru, de ruhig slöppt:
„Kumm! Mudder, kumm! nu hett hei sick verpuppt!"
De Ollsch, dei kümmt ok ein, twei, drei:
„Süh! Mudder, süh! Nu is't 'ne Kreih!"

DE GAUS'HANDEL

„Je," seggt oll Bur Madaus tau sine Fru,
„Je, Mudder, segg! wat meinst Du?
Will'n wi dat Kalf uns noch ansetten?
Süs will ick't nah de Stadt 'rin ledden."
„Ih, ledd't man hen. 'T is einerlei;
Wi heww'n jo noch de annern drei,
Wat sæl'n wi ok mit all dat Veih." –
Madaus nimmt nu sin Kalf in'n Strang
Un ledd't de Strat nah Rostock lang. –
Bi'n Steindur stunn en Hümpel von Studenten,
Un dei sünd, as Jug dat bekannt,
In ehren Kopp vull allerhand
Verfluchte Faxen un vull Fis'matenten.
„Hürt," seggt von ehr denn nu de Ein
(Hei hadd 'ne krumme Näs' un lange Bein,
Mit Vadersnamen heit hei Rein ....),

As hei de Buren 'ranner kamen süht,
„Nu stellt Jug All en beten wid
Hir utenein un makt genau,
So as ick Jug dat heiten dauh."
Hei seggt dat Volk denn nu Bescheid,
Un jeder Hasenfaut, dei deiht
Nu richtig ok, wat em is heiten word'n.
Un mit sin Kalf ledd't 'ranner nu Madaus!
„Na, Olling, na, wo geih't?" seggt uns' Student, „Gu'n Morr'n!
Wat will Hei heww'n för Sine Gaus?" –
„Wo so? – 'Ne Gaus? – Kann Hei nich seihn?
Dat is en Kalf, so as ick mein."
De Bur, dei ledd't nu sine Strat herun.
Kum was hei in dat Dur, dor stunn
Denn ok all grad' so'n Slüngel wedder,
De dwäterte dor up un nedder:
„Na, Olling, will Hei nich Sin Gaus verköpen?"
„Wat? – Ok 'ne Gaus? – Kann Hei nich seihn?
Sall ick de Ogen em upknöpen?
Dat is en Kalf, hett sin vir Bein
Un achter hett't en langen Start,
Un wenn't dat Mul updeiht, denn blart't."
De Oll, de ledd't nu förfötsch in de Stadt,
Doch hett hei sin Bedenken hatt;
Hei kek sick af un an eins æw're Schuller
Nah sin oll Kalf üm, grad', as wull 'e
Sick æwertügen, ob't en Kalf ok wir.
Ja, 't was en Kalf. Wat wull de Kirl denn mihr? –
As hei nu ledd't de Steinstrat sacht hendalen,
Dunn müßt de Düwel einen Drüdden halen,
Dei ward sick vör de Buren stellen
Un fröggt: „Wat sall de Gaus denn gellen?" –
„Gotts Dunnerwetter!" seggt de Bur,
„Hir in de Strat un ok all vör den Dur
Dauhn sei dat Kalf för Gaus mi schellen?
Kannst Du nich kiken, grote Dalf?
Dat is kein Gaus, dat is en Kalf." –

Hei ward nu doch sihr ungewiß,
Ob't würklich ok en Kalf woll is,
Un ob hei sick ok irren kann.
Hei dreiht sick üm un kick't sick an:
„Ne!" seggt hei un kratzt sick in't Hor,
„Dat is en richtig Kalf förwohr!
'Ne Gaus hett Feddern un twei Bein,
De Kirls, de kænen blot nich seihn
Un sünd nich recht up ehren Schick.
Wer ledd't denn Gäus' ok an en Strick?
Dat Stück, dat wir denn doch tau stark."
Na, hei kümmt nah den nigen Mark,
Un as hei dor nu will herupper bögen,
Dunn warden noch en por dor 'rümmerströpen,
Dei kemen nah em 'ran und frögen:
„Na, Olling, willst Din Gaus verköpen?
Wi will'n Di sößteihn Gröschen gewen."
„Na, dit is doch!" röppt Bur Madaus,
„So wat is mi noch nich passirt in minen Lewen!
Irst was't en Kalf, nu is't 'ne Gaus!
Nu is't 'ne Gaus, irst was't en Kalf!
Heww ick denn minen Klauk man halw?
Dat was en richtig Kalf hüt morg'n. –
Her mit de sößteihn Gröschen! Da! Ji hewwt't!
Un is dat denn 'ne Gaus nu word'n,
Denn ward't as Gaus nu ok verköfft!"

Twei Geschichten von den ollen Kasprati tau Rostock

DE GESELLSCHAFT

De oll Kasprati is gewiß
Tau Rostock nich allein bekannt,
Un männig schönes Läuschen is
Von em bericht't dörch't ganze Land.
Na, dei hadd mal en lüttes Swin
Von Melmsen tau Sapshagen köfft,
Un hadd, as wir de Nam ok sin,
Dat Swin denn ok nah Melmsen döfft.
„Die kleine Melms", so näumt hei't blos,
Un kamm mal Einer tau em 'rinner,
Denn güng ok dat Vertellen los,
Nich etwa von sin Fru un Kinner,
So as dat süs woll pleggt tau sin,
Ne, von „die kleine Melms", von't lütte Swin.
„Die kleine Melms", dei würd nu up den Kaben
Mit eine olle Sæg tausamen set't,
Un as dat kamm so gegen Fastelaben,
Dunn was de Sæg ok riklich fett.
Dei würd nu slacht't, un as't gescheihn,
Dunn satt „die kleine Melms" allein,
Un't was, as ded' sei sick d'rüm grämen,
Sei wull kein Fauder tau sick nemen.
„Die kleine Melms" ward däglich slimmer,
Un oll Kasprati, dei geiht 'rümmer
Un schellt sin Knecht un schellt sin Mäten
För Slüngels, Esels un för Schelms,
Dei em dat Swin verhungern leten,
Un jammert üm „die kleine Melms". –

Na, üm dei Tid besöcht ick em einmal,
Hei gung in sine Gaststuw up un dal,
Schimpt un Schandirte mörderlich:
„I weiß nich, was i mach bei die verfluchti Sach';
'Die kleine Melms', die is ganz kümmerlich,
Sie frißt mi un sie sauft mi nich.
I weiß nich, was i dabei mach!" –
„Dei Schad," segg ick, „dei is nich grot;
Dat lütte Dirt, dat grämt sick blot,
Sei möten em Gesellschaft gewen." –
„Gesellschaft? Ja, das mein i eben!
Da föllt mir mit die Kellner ein.
Christ! – Junge! – Christ, komm doch mal 'rein!
'Die kleine Melms', die grämt sich sehr,
Sie sitzt allein auf ihre Kafen.
Was meinst Du, Christ, wie wär,
Wenn Du die Nacht so bei ihr schlafen?"

Dat Küssen ut Leiw

Eins satt ick bi em ganz allein,
Un hei vertellt mi des' Geschicht:
„Sehn Sie die Stein, die großi Stein?
Die großi Stein, die is mir dicht
Un meini Kopf vorbei gesprung'n.
Sitz i hier in die Stub', da schmeißt mir so'ne Jung'
Bei helli Tag in Fenster 'rein.
Ei Szackerment! I fix zu Bein
Un auf die Straß' un krieg' mir ein
Von die verdammti Jung' bei G'nick.
'Carnalli!' sag' ick, 'hab ick Dick?'
„Ne," sagt die Jung', „i hab das nicht gethut,
Das is die Schneider Jentzen ihr."
'Wo is die ßackermentsche Jung', die Thunichgut?'
Je, die verdammti Jung' war nich mehr hier.
I geh nu zu die Schneider Jentzen hin,
Un als i in die Stuben bin,

Da steht die Jung', die Galgenstrick,
Un schreit denn gottserbärmenlick.
'Frau Schneider Jentzen, diese Stein,'
Sag' i, 'die hat mir Ihre Jung'
Geschmeißen in mein Fenster 'rein.'
Un als i das gesagt, dunn schlung
Die Frau mir ihre Arm um meini Nacken
Un küßte mir auf beidi Backen.
Un als sie so auf mir kommt los
Un ihre Arm so um mir schlung,
Da denk i noch, sie küßt mi bloß
Vor die Erbärmlichkeit von ihre Jung';
Doch als i sie zurück nu schieb,
Da kann i sehn, sie küßt mi vor die Lieb."

De Koppweihdag´

„Gu'n Morgen, Herr Apteiker! Seggen S'mal,
Wat is woll gaud för Koppweihdag'?"
„Min Sæhn, dat is de düllste Qual,
Dat is 'ne niderträcht'ge Plag'.
Na, sett Di man en beten dal.
Du büst woll her ut Frugenmark?"
„Ja, Herr! Ick dein dor up den Hof." –
„Na, sünd de Koppweihdag' denn stark?" –
„Ja, Herr! Sei maken't gor tau groww." –
„Na, denn kumm her un dauh
Mal irst Din beiden Ogen tau. –
Süh! so is't recht! Nu rük mal swin'n
All, wat Du kannst, in dese Buddel 'rin." –
De Bengel deiht ok ganz genau,
Wat hei em heit: makt irst de Ogen tau
Un rückt recht düchtig 'rinner dunn.
Bautz! föll hei rügglings von den Staul herun.
As hei nu wedder sick besunn,
Seggt de Apteiker: „Sæhn, nu segg:
Sünd Dine Koppweihdag' nu weg?" –
„Ih, Herr, von mi is nich de Frag',
Uns Frölen hett de Koppweihdag.'"

Dat Tausamenleigen

In Meckelborg wahnt mal en oll Majur,
En brawen Mann sünst von Natur,
Dei ok en ihrlich Hart in'n Bussen drog,
Blot dat hei utverschamten log.
Un wenn hei denn so sine Kar
Recht in den Dreck 'rin schaben hadd,
Dat hei nich rügg- noch vörwarts künn,
Den rep hei sinen Kutscher 'rin:
„Johann, Du kannst es mir bezeugen!"
Dei müßt denn wedder los em leigen. –
Jehann, dei hadd denn sine Last;
Hei log sick alle Näs' lang fast.
Jehann, dei bed' von himmel bet tau Irden:
„Min leiwe Herr, Sei ward'n uns rungeniren;
Un glöwt tauletzt kein Misch nich mihr,
Sei krig'n uns All all up den Strich!
Sei leigen würklich alltausihr."
De Racker let dat Leigen nich. – –
Eins hadd hei vele Gäst tau Middag hatt,
Un as hei nu so bi de Buddel satt,
Dunn gung dat Leigen wedder los:
„Na," säd' 'e, „dat is doch curjos,
Un up de Jagd is't männigmal tau arg,
Bi Parchen in den Sünnenbarg
Dor würd vör Johr'n 'ne Driwjagd hollen,
Un ick was bi de Schütten mang.
Ick stunn ganz prächtig achter so en ollen
Un dichten Durnbusch, un dat durt nich lang',
Dunn hadden sei en Hirsch heruter drewen,
So'n Dirt hett't noch meindag' nich gewen.
Grot, as de grötste Wallach, was dat Beist,

Un dorbi was hei Jug so feist,
Dat, wo dei Racker gung un stunn,
Man nahsten einen Fettplack funn;
Un as hei so irst in de Firn
Heranner kamm nit sin Gehürn,
Dunn was't, as gung en Ellerbusch spazir'n.
Na, ick hadd dunntaumal 'ne Flint;
'Ne olle Flint, nich so, as jetzt sei sünd,
Mit Perkutschon un all dat Anner:
Wenn ick dei kreg an minen Kopp so 'ranner,
Denn lagg ok dat, wonah ick schot,
Glik unner minen Füer dod,
As was dat man so 'runner hagelt,
Un mit Manschester was ehr Schaft benagelt.
De Flint, dei was all olt. de Lop so dünn,
Dat man binah dordörch dat Pulwer seihen künn.
Un bi de Häunerjagd, dat letzte Johr,
Dor gung s' tau En'n denn ganz un gor;
Ick hadd mit ehr noch eben schaten
Un wull sei jüst mi wedder laden, –
So heww 'ck mi nie versirt in minen Lewen –
Von ehr was nicks nich æwrig blewen,
Bet up den Schaft rein weg hadd sei sick schaten. –
Na, dormals was sei schön noch in de Reih':
Un as de Hirsch so in de Dreih'
Bi mi herünner kamm,
Wo ick satt achter minen Durn,
Dunn tægert ick nich lanf' un namm
Dat Beist ganz eklig up dat Kurn,
Un as sick jüst ümwennen wull de Racker,
Bautz! drückt ick up em los! – Dor lagg 'e!
Na, mine Herrn! Förwohr, ick mein,
Dat ick all männ'gen Schuß heww dahn,
Doch desen kann ick nich verstahn,
So'n Schuß heww ick meindag' nich seihn. –
Ick segg man, wat de Wohrheit is, –
Un gaht mi mit dat Leigen weg!

Un wenn ick einmal segg: ick segg!
Denn segg ick æwerst ganz gewis. –
In'n rechten Hinnerlop hadd hei de Kugel kregen,
Un dörch un dörch hadd mine Kugel slahn,
Dörch Allens dörch, un bi den Bregen,
Dor was s' em wedder 'ruter gahn,
Nich alltau wid von't rechte Uhr."
„Na," seggt de Ein von sine Gäst,
„Na, mit Verlöw, min Herr Majur,
So is de Sak doch woll nich west!"
„Dies geht mich doch etwas zu weit!
Dit kann 'ck nich glöwen," seggt de Tweit.
„Ne, Herr Majur, dat segg ick mit,
Dat kann 'ck nich glöwen" seggt de Drüdd.
„Ne, dit's denn doch tau dull!" seggt ok de Virt',
„So'n Leigen heww 'ck meindag' nich hürtt!" –
„Wat? Ick? Wat, ick sall leigen?
Dor sall doch glik dat Wetter 'rinner slagen!
Ick lat mi glik den Hals ümdreigen!
Ick heww noch all meindag' nich lagen.
Wo is Jehann? hei sall herinner kamen! –
Ji sælt mi doch nich alltausamen
För einen grawen Lægner schellen!
Dei sall de Sak Jug ok vertellen;
Hei was dicht an bi mi up Posten stellt
Un weit, wo sick de Sak verhöllt."
Jehann kümmt 'rin. „Jehann, nu hür mal tau
Un segg de Wohrheit ganz genau.
Schot ick den Hirsch nich in den Hinnerlop?
Un söll nich glik dat Creatur,
Ahn dat hei sick man rögt, tauhop?
Un kamm de Kugel nich herut bi't Uhr?
Hest du den Schuß nich seihn dor vören?"
„Ja, mine Herrn, dat will ick glik beswören,
Dat is gewiß!" seggt Jehann Möller,
„Min Herr, dei schot; un as hei schot, dunn föll 'e.
Doch wo dat eigentlich is scheihn,

Dat künn hei sülwst so prick nich seihn;
Wo dat so kamm. So gung dat tau:
Seihn S', in so'n richt'gen halwen Düsel
Was woll de Hirsch all von dat Schrigen
Un von den Larm, un as hei ut den Dannenküsel
Up uns heruter kamm, dunn würd hei sihr bedenklich,
Denn hei würd uns tau seihen krigen.
De Sak, dei würd em nu verfänglich:
'Ick weit nich,' dacht 'e, 'wat ick dauh?
Hir achter laten s'mi kein Rauh
Un vör mi stahn sei mit de Scheit,
Sei ward'n am En'n mi doch beluren!'
Un dorbi kratz hei sick, sihr in Verlegenheit,
Mit sine Klaben acht're Uhren.
Un noch was hei nich kamen taum Besluß,
Dunn schot de Herr Majur,
Un dorvon kamm't, dat em de Schuß
Satt in den Hinnerlop un achter't Uhr.
So hett min Herr den Hirsch dor schaten,
Un so is't wohr, Sei kæn'n sick d'rup verlaten." –
De Gäst, dei schüttelten den Kopp:
„De Kerl, der lügt un doch zu grob!" –
De oll Majur, dei säd noch mal: „Ick segg,
Un wenn ick segg, denn hett dat sinen Grund!"
Doch sine Gäst, dei was dat doch tau bunt,
Sei führten Einer nah den Annern weg. –
As Herr un Kutscher sünd allein,
Dunn seggt Jehann: „Dit hadd uns bald bedragen,
Sei leigen æwerst ok tau wid von ein,
Ick bidd Sei blot mal: Kopp un Bein!
Dat krig' ick ok nich mihr tausamen lagen."

Dat Johrmark

„Je, Mudder, 't is woll an de Tid,
Dat Fritz sick in de Welt ümsüht.
Hei bliwwt süs heil un ganz perdollsch,"
Seggt Bur Swart tau sine Ollsch.
„Süh, morg'n is Johrmark in de Stadt,
Dor künn hei sick denn mal eins wat
Versäuken un de Kauh verköpen
Un up den Mark en beten 'rümmer ströpen;
Denn Viehsionochnomi un stolzen Dünkel
Un ok Kultur der Welt mit mang, –
Wer dei nich hett, dei bliwwt en Slüngel,
Dei bliwwt en Klas sin Lewen lang."
„Mit dei drei Ding', dor hest Du recht,"
Seggt Mudder Swartsch, „dat heww ick ümmer seggt.
Doch kik em an. Süh! Viehsionochnomi, dei hett 'e:
Von Mul un Näs' ganz nüdlich lett 'e." –
„Ih ja! Dat geiht mit de Viehsionochnomi,
Hei hett so wat Absonderlichs von mi,
(Oll Swart, dei hadd ganz brandrod' Hor,
Un kek mit't ein Og' ganz verdwas)
Mi dücht, hei glikt mi ganz un gor,
Dat heit, as ick noch jünger was.
Na, mit den stolzen Dünkel hett't kein Il,
Dei ward sick finnen mittewil,
Wenn hei man irst de Drüddel wohrt,
Dei wi för em tausamensport;
Doch æwerst mit Kultur der Welt,
Dor is't noch leg mit em bestellt,
Hei kann noch nich en Spirken sprichen,
Versteiht noch gor nicks von den Handel
Un von de Kniffen un den Slichen

Un führt noch so en burschen Wandel:
D'rüm sall hei hüt herinner in de Stadt,
Dormit hei 'n beten plitscher ward. –
Fritz! hür, min Sæhn, Du sallst hüt nah de Stadt
Un sallst den Strimer uns verköpen;
Doch irstens will ick Di noch wat
In Din Gedächtnis 'rinner knöpen.
Drink Di nicks unner Dine Huw,
Un spuck de Lüd' nich in de Stuw,
Wenn Di wer grüßt, denn segg 'schön Dank',
Un fret Di nich in Honnigkauken krank.
Putz mit de Fingern nich de Näs'
Un gah nich 'rüm as in den Dæs'
Un Prügeli gah ut den Weg',
De Katt lickt Di nich af de Släg',
Un 'n beten ok in Acht Di nimm,
Un lop kein lütte Kinner üm,
Un lat Di nich von Jeden brüden
Un von den Krabbenwagen æwerführen."
„Ih, Vader, wat hewwt Ji vör Noth?
Ick lat de Botter von dat Brod
Mi ganz gewiß nich 'runner nemen.
Doræwer brukt J' Jug nich tau grämen.
Ick ward den Strimer woll verköpen,
Ji braukt mi gor nicks intauknöpen.
Un denn, von wegen't Näsenputzen,
Dat brukt Ji gor nich uptaumutzen. –
Ji denkt woll, Ji allein sid klauk? –
Irst nem 'ck de Fingern, denn den Dauk,
Un mit de Släg'! Lat sei man kamen!
Corl Witt un ick, wi holl'n tausamen." –
Hei halt den Strimer ut den Stall,
Un as de Reis' nu afgahn sall,
Dunn kümmt de Ollsch herunner von den Bæn
un seggt tau em: „Fritz, hür, min Sæhn,
Stek desen Büdel in de Tasch herin,
Dor is en beten Markgeld in, –

Dat heww ick mi för Speck un Eier sport, –
Un bring' mi mit en beten Snuwtoback,
Un mak dorvon man keinen Snack,
Dat Vader sick nich dorvör wohrt."
Na, Fritz un Strimer, dei gahn furt,
Un as sei kamen ut den Urt,
Finn'nt denn Corl Witt ok in,
Dei ok will in de Stadt herin.
„Hür, Fritz," seggt Corl, „hüt ward't en Lewen!
Wo will'n wi in den Honnigkauken freten!
Wat hett Di Mudder Markgeld gewen?" –
„Oh, 't is nich vel, 't is man en beten;
Un mit de Honnigkauken! Ne, dat lat man sin,
Denn wenn ick hüt nich recht manirlich bün,
De Oll lett mi seindag' nich wedder 'rin."
„Na, æwer Spickaal!" seggt Corl Witt,
„Un dortau Syrupstuten beten!
So'n Spickaal, Fritz, dei geiht dormit;
Wo will'n wi in den Spickaal freten!"
„Dat geiht!" seggt Fritz, „dor hest Du Recht!
Von Spickaal hett de Ollnich seggt!"
Sei kamen nu tau Stadt herin.
Fritz bliwwt tauirst bi sine Kauh;
De Köpers kamen af un tau
Un fragen, wat de Pris süll sin;
Fritz föddert stracks teihn Daler mihr,
As wat de Strimer kosten süll;
De Köpers gahn swigen still.
Wenn Strimer doch verköfft irst wir!
Dunn kümmt Corl Witt, em aftaulösen,
Un hei kann nu herümmer dæsen,
Hei kann nu gahn, wohen hei will.
Irst steiht hei bi 'ne Ördel still
Mit eine schöne Mordgeschicht,
Wotau en gruglich Lied würd sung'n;
De Kirl was hellsch bi Stimm un Lung'n,
Un't Wiw, dat sung jüst ok nich slicht:

War einst ein alter Greifer,
Woll an die siebzig Jahr;
Der Satan thät ihn reizen,
Er thät 'ne böse That:

Das Haus thät er anstecken
Bei seinem Sohn.
Oh, wie viel Angst und Schrecken!
Und wie viel Dampf und Rauch!

Die Magd aus ihrer Kammer
Lief wohl zur Thür heraus;
Doch oh, entsetzlich Jammer!
Die Thüre wollt nich auf.

Un so gung't noch en Strämel wider. –
Na, as hei naug hadd von de Lieder,
Un as em dat nich mihr gefel,
Besach hei sick den Apen, Bor'n un Kameel.
„Ne, kik, de Ap! Wo 's't mæglich in de Welt,
Wat makt de Minsch doch all för't Geld!"
De lütte Ap, dat lütte Dirt,
Dat is allein dat Geld all wirth;
Un dit geiht All binah ümsünst.
De Dire maken ehre Künst;
Tauletzt röppt noch ganz lud' de Mann:
„Will Einer von die Herrschaftlichkeiten
Noch mal auf das Kameel 'rum reiten,
Der fürcht' sich nich un komm heran!
Na, Du mein Sohn?" – hir wen'nt hei sick an Fritzen –
„Willst Du vielleicht einmal d'rauf sitzen?"
„Je," seggt uns' Fritz, „je, kann hei mi ok dragen?
Denn wull 'ck't woll dauhn, denn wull 'ck't woll wagen."
Na, dat Kameel, dat kümmt un leggt sick dal,
Un unse Fritz, – de Düwel hal!
Dei klaspert up dat Dirt herup,
Un sitt dor baben as 'ne Pupp.

Der Deutsching, ne! wo geiht dat nett!
Un wo dat unsen Fritzen lett! –
Nu kümmt de Ap! Nu paßt mal up!
Dei springt ok up't Kameel herup!
Un von't Kameel springt hei up Fritzen.
„Wat sall dat wesen? Lat de Witzen!"
De Ap fängt nu em an tau taren
Un em in dat Gesicht tau klaren,
Un nimmt em von den Kopp de Mütz.
„Verfluchtes Ding!" röppt unse Fritz.
Je ja, je ja! De Ap, dei nimmt s' un smitt s'
In einen Hümpel Jung's herinner
Un fängt nu an, em sinen Kopp tau lusen,
Un in de roden Hor herüm tau plusen,
Un dat Kameel, dat löppt nu swinner.
Uns' Fritz, dei will dat Dings nu packen
Un grippt sick hin'n nah sinen Nacken,
Rutsch! sitt dat Ding em up de Näs'
Un giwwt em dor en barschen Kes',
Un wenn hei'n hir nu will beluren,
Rutsch! sitt hei wedder acht're Uhren.
„Herun mit di, un lat di Häweln!"
Ratsch, bitt de Ap em up de Knæweln!

Hei lus't un plus't,
Hei ritt un bitt,
Hei nart un tart,
Hei wippt un knippt,
Un uns' Fritz Swart
Dei grippt un grippt
Bald rechts, bald links,

Un ümmer flutscht em weg dat Dings,
Em will dat Gripen nich gelingen,
Un kann em ok nich von sick bringen.
Nu fängt't Kameel gor an tau springen,
Un dunn was't mit de Rüderi

Von unsen Fritzen ok vörbi.
Noch einen Sprung! Baff, liggt hei 'runner! –
Un't was wohrhaftig gor kein Wunner.
Wenn Jug de Ap hadd in de Fingern beten
Un in de Hor Jug 'rümmer reten,
Ji hadd't woll ok nich faster seten. –
Na gaud! Hei freu't sick blot, dat mit den Bor'n
Hei nicks tau dauhn noch kriggt, un löppt in bloten Hor'n –
Denn sine schöne Mütz was furt – –
Un mit 'ne halw geschunn'ne Snut
Ut de verfluchte Baud herut.
„Dat," seggt hei, „hett mi schön belurt!
Na, einmal un nich wedder mit en Apen!
För't tweitenmal, dor segg ick gaud."
Hei köfft sick nu en nigen Haut
Un ward up't Mark herümmer gapen.
So kümmt hei endlich nah 'ne Stell,
Dor küselt sick 'ne Kareßel.
Un as hei steiht un kickt dat an,
Dunn kümmt nah em en Mann heran,
Dei seggt tau em: „Na, Sæhn, wo wir't?
Hir steiht jüst noch en leddig Pird.
Du, glöw ick, ward'st de Ring' woll drapen."
„Je," seggt uns' Fritz, „je, hewwt Ji ok en Apen?"
„Ih, Gott bewohr! stig' Du man up!"
Un Fritz stiggt up de höltern Pupp.
Tauirst geiht dat so schön un sacht,
Dat unse Fritz vör Wähldag' lacht,
Wil dit vel beter em gefel,
As up dat niderträchtige Kameel;
Doch as de Sak recht in den Swung'n,
Dunn kart de Düwel einen Jung'n
Heranner an den Kreis ganz dicht,
Dei snirt't em grad'in dat Gesicht,
Un ümmer, wenn hei makt en Bogen,
Denn snirt't de Jung' em in de Ogen.
„Entsamte Slæks, nu heww ick't satt!

Lettst Du mi, Slüngel, nich in Rauh!"
De Bengel, dei snirt't ümmer tau
Un snirt't em as 'ne Katt so natt.
„Na," seggt hei, as hei 'runner steg,
Un as de Jung' tau'm Düwel was,
„Hüt geiht mi Allens schön verdwas!
Nu fehlt mi blot, ick kreg' noch Släg',
Un kreg' den Strimer nich verköfft,
Denn hadd ick makt en gaud Geschäft. –
Ih! wat sall ick mi hir noch argern?
Ne! leiwerst gah 'ck nah Bäcker Bargern."
Hei köfft sick nu en schönen Aal
Un set't sick bi den Bäcker dal,
Un lett sick 'n Pegel Bramwin gewen
Un fängt nu lustig an tau lewen,
Un as hei drunken hadd en Lütten,
Dunn gung hei hen nah Corl Witten.
„Na, Corl, wo steiht't, hest all verköfft?" –
„Ick mag ok jo! Bi dei oll Klatsch
Ward mi de Tid all lang nahgraden:
De ganze Handel geiht verdwatsch!" –
„Na, hett Di Einer denn wat baden?" –
„Ih, Gott bewohr! Wer ward dei köpen?
En Stein üm'n Hals un denn versöpen!
Dat wir dat Best för't olle Veih;
Dor kemen woll en Twei un Drei,
Dei deden nah den Pris mi fragen,
Doch Keiner wull den Handel wagen." –
„Je, hür mal, Brauder," seggt uns' Fritz,
„Verköpen möt ick s' ahn Perdon,
Verköpen möt 'ck s'," röppt hei in Hitz,
„Ick krig' tau Hus süs Hunnenlohn!"
Un as sei noch doræwer reden,
Dunn kümmt en Jud herannertreden.
Up sinen Puckel hadd hei'n Packen,
Un einen Kasten up den Nacken,
Dorinner lagg so Allerhand:

Pittschaften, Brillen, gräunen Band,
Snebarger Snuwtoback un blanke Knöp.
„Nu?" seggt hei, „Nu? Wüll'n Sie verkaufen denn die Kuh?" –
„Watt willst mi geben, wenn 'ck s' verköp?" –
Fröggt Fritz. – „Wie haißt? das olle Dirt?
Wie kann ich machen d'rauf en Schmuh,
Wenn's morgen früh mer ist krepirt?" –
„So licht geiht ehr nich ut de Athen.
Ick will s' Di ok fiwuntwintig laten," –
„Ai waih geschrie'n! Wos denken Sie?
'S sein schlechte Szaiten for die Küh.
Wenn ich die zwanzig Tholer nu bezohl,
Wo bleibt denn da mein Rebbes wohl?"
„Ick heww," seggt Fritz, „verstah mi recht –
Ick heww von fiwuntwintig seggt."
„Wie haißt? Mit so'ne junge Lüd', mit so'ne heft'ge,
Wie süll ich machen da Geschäftche? –
Ick will Se segg'n wat in Vertrugen:
Un wenn ick segg Se wat, d'rup kæn'n Se Hüser bugen.
Mi ducht, ick süll Se kenn'n? – Wil Sei dat sünd,
Will ick versünn'gen mi an Fru un Kind,
Un will Se gewen twintig Daler K'rant,
Nu schlagen S' in! dor is de Hand!"
As hei so red't, dunn kümmt en annern Jud' heran,
Dei treckt em an den Rock un stött em an,
Un seggt tau em: „Nu, Schmulche, halt mal still,
Ich will mer kofen erst 'ne Brill,"
Un dormit söcht hei sick 'ne Brill herut
Un paßt sei sick up sine Snut.
So'n richt'gen Näsenklemmer wir't
Un paßt, as wenn sei tau de Snut hadd hürt,
Un sößtein Gröschen süll sei kosten.
Hei handelt irst noch üm den Posten,
Un as hei sei för'n halwen Daler kriggt,
Dunn set't hei sick dat Dings in dat Gesicht,
Seggt dunn: „Adjüs!" un geiht de Strat hendal.
„Ick dauh't," seggt sachten Fritz tau Corl Witten,

„Wat sall ick länger mit dat Dirt noch sitten?
Ick lat s' em för den Pris, de Düwel hal!
Na hür mal, Jud'," seggt hei dunn lud',
„Denn treck mal Dinen Büdel 'rut;
Min olle Strimer is verköfft."
„Mein Gott! wie hastig? Das Geschäft"
Seggt nu de Jud', „is noch in vullen Gang',
Sünd wir aach Handels ains, so is doch lang'
Noch nicht die Zahlung festgestellt.
Ich hob'kain bores Geld,
Sie müssen sich bequemen,
Un müssen for den Pris sich Woren von mir nehmen."
„Nu, dit wir nett!" seggt Fritz, „nich wohr?
Du meinst, ick süll am En'n noch gor
Mit Brillen un mit gräunen Band
Herüm hausiren in dat Land?"
„Je, Fritz, ick ded't," seggt Corl Witt,
„Bringst Du den Strimer wedder mit
Un is de Handel Di nich glückt,
De Oll ward hei un ganz verrückt."
„je, Corl, ick bidd Di doch üm Moses willen,
Wat sæl wi woll mit all de Brillen?"
„Ih, dat is so gefährlich nich.
Ick ded't gewiß, denn hadd 'ck doch wat.
De meisten kannst Du sicherlich
Hier glik verköpen in de Stadt.
Un ein, dei legg man glik taurügg,
Uns' olle Smäd'fru köfft sei sick."
„Ih, Corl, ih, gah doch mit Din Brillen!
Wat wi woll mit de Dinger süllen?"
„Je, Fritz, ick ded't, wat kann dat schaden?
Du hest doch sülwsten hürt, dat em de Anner
För't Stück en halwen Daler baden;
Na, denn dücht mi, denn kann 'e
Doch gor nicks an verluren warden.
Ick let en föftig Stück mi gewen,
Denn hadd'st Du grad' Din Fiwuntwintig

Un denn dat Anner? Na, dat fin'nt sick!"
„Je, Corl, ick heww doch mine Grillen.
Recht hest Du, dat's gewiß;
Doch süh, mi dücht, dat is
Doch gor tau wunnerlich! 'ne Kauh för föftig Brillen!"
„Je nu, 'ne Kauh! Dei süppt un frett,
So as Du kümmst dormit nah Hus;
De Brillen warden in den Kuffert set't
Un freten Di ok nich 'ne Lus."
„Dor hest Du wedder Recht, dat Fauder is uns knapp,
De Brillen sett wi in dat Schapp. –
Na, Jud'! Dat ick den Handel slut,
Krig' mal en föftig Stück herut."
De Jud', dei makt noch irst Sperenzen,
Dat dat tau vel an Brillen wir;
Doch Corl, dei dauht den Juden stenzen,
Un endlich is de Handel glatt un schir.
De Jud' giwwt Fritzen föftig von den Brillen
Un för sin Moder noch drei Pack
Von den Sneebarger Snuwtoback,
Un denn möt hei ehr noch tau Willen
Drei Buddel Rothwin Winkop gewen.
„Nu will'n wi mal eins lustig lewen,
Nu will'n wi drinken!" seggt Corl Witt,
As hei in't Wirtshus mit de Annern
So bi de Rothwinbuddel sitt,
„Un nahsten will 'w en beten 'rümmer wannern."
Doch Fritz, dei hett so sine Grillen,
Hei denkt noch ümmer an de Brillen
Un an dat ollen Beist von Klatsch;
Ein Handel dünkt em 'n beten dwatsch.
„Kumm, Brauder Fritz, kumm, lat de Grillen!
Hei hett de Kauh, un Du de Brillen.
Dat lat man sin, lat em man gahn!
De Dinger kæn'n in Pris upslahn,
De Dinger kænen hellschen stigen,
Du kannst för't Stück en Daler krigen."

Un unse Fritz, dei glöwt dit Läuschen
Un lett sick richtig ok begäuschen
Un drinkt sick Einen unn're Huw. –
De Jud', dei drückt sick sachten ut de Stuw
Un ledd't mit sinen Strimer furt.
Un as dat noch en beten durt,
Dunn heww'n de Bengels ok de Buddel ut
Un gahn all' Beid' nu nah de Strat herut.
Sei gahn nu 'rüm in ehren Dæs',
Un warden nu – sei will'n sick ok wat tügen –
Ein Jeder eine Brill heruter krigen,
Dei setten sei up ehre Näs'
Un lopen hir en Baudenstaken üm,
Dor lopen s' in de Pött herin,
Un nahsten hadd dat Keiner dahn,
Doch wil't binah nu düster all,
So will'n sei ok taum Danzen gahn.
Se kamen nah en Schausterball,
Dor was dat denn gefährlich sin:
En jede Dirn, dei heit Mamsell,
Un wer dor tüschen mang wull sin,
Dei mell't sick bi den Oltgesell.
Dit was uns' Bengels nich bekannt;
Sei dachten so, dat wir man so, as ümmer,
Sei langten Beid' 'ne Dam' sick von de Wand
Un swenkten sei en pormal 'rümmer.
Un Fritzen müßt dat nu passir'n,
Dat hei den Oltgesellen sin Likdürn
Mit sin olle Klorrhack drop.
Na, dat kunn dei nu nich verdragen,
Un ward em acht're Uhren slagen,
Un as dei slog, dunn slogen s'alltauhop,
Ein slog den Haut em æwer sine Ogen
Un Twei, dei kregen em un togen
Em buten nah den Börbæn 'rut,
Hir garwten s' em denn orndlich ut
Un smeten em de Trepp herun.

Un as hei unnen wedder stunn,
Dunn kregen s' em, dei gor nich weit,
Wo em geschüht, in't G'nick tau faten
Un smeten 'rut em up de Straten,
Ganzen in „de schnellen Geschwindigkeit".
Ja, würklich in en wohren Sus'
Flog hei heruter ut den Hus', –
„Wo, Düwel, ne! wo geiht mi dit? – –
Corl! – Corl! hürst Du nich?" seggt Fritz, „Corl Witt! – –
Corl! hürst Du nich? So antwurt doch!" –
„Wat schriggst Du so? Hir ligg ick as 'ne Pogg,
Hir rechtsch von Di, Hir in de Pütt,
Ick flog jo tau Gesellschaft mit."
„Wo Dunnerr möt uns dit hir gahn! –
So glupsch un so liktau tau slahn!" –
„Ih, dat," seggt Corl, „dat lat man unnerwegen;
De Släg', dei heww'n w' nu einmal kregen;
Wat west is, Brauder, dat is west,
Wenn Du man noch Din Brillen hest." –
„Gotts Dunner!" röppt uns' Fritz un grippt nu rasch
In Hast nah sine Kitteltasch.
„Ja, Brauder, ja! Dei sünd noch hir."
„Na, denn is't gaud! Wat willst Du mihr?
Lat nu man sin, dat Anner ward sick finnen,
De Släg', dei ward'wi woll verwinnen;
De Puckel kümmt woll in de Reih';
Wenn man de Brillen nich entwei.
Un, Fritz, nu will 'ck Di mal wat seggen,
Nu will'n wi wedder nah den Becker gahn
Un uns noch mal vör Anker leggen;
Mi is't gefährlich in dat Lif'rin slahn,
Mi is dat jüstement tau Sinn,
Ne! grad', as wenn ick rädert bün."
„Ja ja, je ja! Wat seggst von mi?
Du wirst doch man Bihaspel blot;
Mi güll de ganze Prügeli,
Ick kreg de ganze Swerenoth:

Mi heww'n sei niderträchtig drapen;
Un denn vörhen noch mit den Apen." –
Sei gahn nu nah den Bäcker 'rin.
„Na, segg mal, Corl, wat sall't nu sin?
Ick heww hir noch so'n olle Kræten
Von Modern in den Westentaschen;
Ick glöw,'t is gaud, wenn wenn wi en beten
Den Puckel uns mit Rothwin waschen.
Doch mit den roden ded'n w' uns all vertühren,
Wi will'n den witten mal probiren."
Na, dat geschüht, sei drinken en por Buddeln
Mit Zucker von den Franschen ut,
Un faten sick nu unner'n Arm un tuddeln
Ganz selig ut dat Wirthshus 'rut.
Tauirst geiht dat noch tämlich gaud;
En beten scheif sitt woll de Haut,
Sei slagen woll tauwilen Rad,
Doch kam'n sei glücklich ut de Stadt,
Un kam'n ok in den richt'gen Weg herin;
Blot dat sei in en Graben 'rinner löpen
Un sick binah dorin verköpen,
Un, wo en Bom in'n Weg' ehr stünn,
Dat sei em ümmer richtig dröpen. –
„Hür, Brauder," seggt Corl Witt, „wenn nu de Oltgesell
Hir vör mi stünn up dese Stell ….!" –
„Ja, Brauder," seggt Fritz Swart, „un wenn ick so den Apen
Hir up de Landstrat nu süll drapen ….!"
„Wo wull'n wi sei kalaschen!"
„Dat süll man jüst so flatschen –
Von desen Win will wi uns ümmer köpen." –
„Ne, Brauder Fritz, de rod' fött bet." –
„De witt is Baas, wat gelt de Wedd?" –
„Vir Gröschen wull ick woll an wagen,
Hir is min Hand un ick gewinn. –
Von unnen up möst Du jo slagen,
Süs sleiht Du't nah de Ird' herin."
So snackten sei un torkelten dörch Dick un Dünn

Tausamen nu den Weg entlang.
Fritz Swart, dei würd nu gor tau krank;
Em würd so wabbelig tau Sinn;
In sinen Buk, dor güng dat gruglich her:
De Roth- un Wittwin kregen sick dat Striden,
De ein, dei wull den annern dor nich liden
Un wull em smiten ut de Dör,
So as hei sülwsten von den Oltgesellen
Taum Dings heruter smeten was.
De Win, de kreg sick irst dat Schellen,
Se kemen beid' sick hellischen verdwas,
Un't wohrt nich lang', dunn kregen s' sick dat Slagen;
De Wittwin kreg den Rothwin bi den Kragen
Un smet em richtig ut de Dör.
„Corl Witt!" röppt Fritz, „kik hir mal her!
Ick Brauder, heww de Wedd gewunnen;
De witt is Herr, de rod' liggt unnen;
Kik hir man blot up mine West.
De Wittwin, Corl, is doch de Best." –
Na, Corl wull dat tauirst nich glöwen,
Doch müßt hei sick gefangen gewen,
As hei irst de Bescherung sach. –
Sei gung'n nu wedder furt en Flag,
Un Fritzen drömt von'n nattes Johr,
Hei dacht so, wat sin Vadder woll
Tau sinen Brillenhandel säd'.
„Corl," seggt hei, „weist! ick glöw, de Oll,
Dei makt hüt Abend grot Ravasch',
Nu, Brauder, hür up mine Bed',
Un kumm mit 'rin, allein heww ick kein Krasch;
So fürcht't ick mi noch nie in minen Lewen –
Kumm Du mit 'rin un segg em ok den Grund."
„Ih, wat!" seggt Corl, „süh, Murrjahn müßt sick gewen,
Un Murrjahn was en ollen Hund.
Denn ward de Oll sick woll schicken möten,
Du möst man vör den Kopp em stöten.
Du möst man an tau resonniren fangen,

Denn sallst mal seihn, denn ward em bangen.
Un wenn dat All nich helpen will,
Denn raup Du man de Ollsch tau Hülp,
Dei set't em doch tauletzt 'ne Brill
Up sine olle, dicke Stülp."
Un as hei desen Rath em gaww,
Dunn peikt Corl Witt ganz sachten af. – –
Na! Fritz kümmt 'rin. „Gu'n Abend, Vader!" –
„Wo Düwel, Jung', wo sühst Du ut?
Letst Du Di in de Stadt tau Ader?
Jung', hett villicht Di blött de Snut?" –
„Ne, Vader, ne! Dat heww'n Ji doch nich drapen;
Dat dicke Og' is von den Oltgesell,
Dat an de Näs' is von den Apen,
Un dat ick klæternatt, is von dat Kareßel,
Un wat Ji up min West hir seiht, un wat
Binah as idel Blaud süht ut,
Dat is kein Blaud, dat is man, dat
De Witt den Roden smet herut."
„Wat sall de Oltgesell? wat sall de Ap?
Wat sall de Witt un Rod'? Du Schap!
Von All dat, wat Du seggst, geföllt
Mi nich en Wurt! Is dat Cultur der Welt?
Heww ick Di dorüm in de Stadt 'rin schickt?" –
„Ih, Vader," seggt de Jung' un drückt
De Schachtel mit den Snuwtoback
Sin Moder in de Hand herin,
„Ih, Vader, makt doch nich en Snack,
Dat is vörbi, lat't dat man sin."
„Sick dor mit Takel 'rüm tau slahn!
Wo is't denn mit den Handel gahn?" –
„Wo? Mit den Handel? Meint Ji mit de Kauh?
Ih, dat güng ganz natürlich tau." –
„Wat hest Du för de Kauh denn kregen?" –
„Kregen? – Na, seggt doch, Vader, mal von wegen
Jug Ogen, warden dei all swack?
Seggt, kæn'n Ji dichting bi noch seihn?"

Un dorbi pedd't hei Modern up de Bein
Un Moder, dei den Snuwtoback
All heimlich in de Eck probirt
Un spört, dat dat wat Gaudel was,
Dei markt denn glik, dat Fritzen wat passirt,
Un mengt sick nu herinner in den Snack:
„Ih, Gott bewohr, hei kickt verdwas,
Un kickt nich æwer sinen Meß,
Hei is en ollen blinnen Heß." –
„Na, Vader, ick heww hir Jug bröcht 'ne Brill,
So schön, as sei tau krigen was;
Nu paßt mal up, un holt mal still,
Un kikt mal nipping dörch dat Glas."
Hei paßt un paßt, dat Ding, dat will nich hacken,
Den Oll'n sin Näs' satt mang de Backen
Un was so dick un was so lütt,
So dat de Brill stets 'runner glitt,
Fritz halt 'ne anner ut de Tasch herut:
„So, Vader, nu holl't her de Snut,
Nu will'n wi des' mal upprobiren,
Dei ward woll passen ganz genau." –
„Jung," säd' de Oll, „kannst Du nich hüren?
Ick frag', wat kregst Du för de Kauh?"
Doch Fritz, dei lett sick gor nich stüren,
Hei halt de drüdd, hei halt de virt',
Dei warden ok em upprobirt,
Doch up den Ollen sinen lütten,
Vergrützten Däwk, dor wull kein sitten.
Un wil hei ein Dwaskiker was,
Kek hei mit't eine Og' stets æwer't Brillenglas.
„Jung," seggt hei arg, „lat mi in Rauh,
Un segg, wat kregst Du för de Kauh?"
Doch Fritz probirt noch ümmer tau,
Un paßt em up de föftig Stück,
Doch sitt nich ein recht up den Schick;
Un as hei hett dat Stück utäuwt,
Dunn seggt hei trurig un bedräuwt:

„Ne! Vader, ne! dit is verge's;
Ji hewwt för Brillen keine Näs'!"
„Jung," säd de Oll, un kreg den Jung'n tau faten,
„Meinst Du, ick sall mi brüden laten?
Wat sall dat mit de Brillen heiten?
Wat kregst Du för de Kauh? Dat will ick weiten!
Willst Du mi glik de Wohrheit seggen?
Sünst lat ick Di Kranzhester scheiten!"
Nu ward sick Mudder twischen leggen:
„Wat hett dat lütte Kind Di dahn?"
(Fritz was so 'n Slaps von twintig Johr)
„Willst Du mi hir den Jungen slahn?
Dat süll noch fehlen! Gott bewohr!" –
„Jung', antwurt! oder ick slah tau,
Un segg, wat kregst Du för de Kauh?" –
„Ach, Vader, wenn Ji 't weiten willen,
Ick kreg' för den Strimern all de Brillen." – –
„De Brillen? Wat?" seggt Vader Swart
Un denkt, de Jung', dei hett em nart.
Un lett em los un kickt em an:
„Dor trett Ein'n jo de Ahnmacht an!
Man müggt sick all de Hor utriten
Un sine eig'ne Näs' afbiten;
Ick bidd Jug doch üm Gotteswillen:
Min schöne Strimer för de Brillen!" –
„Ih, Vader, swig' doch!" seggt de Ollsch,
Un schüwwt sick twischen em un Fritzen,
„Wat willst Du Di dorbi verhitzen?
Blot Di 'ne Freud' tau maken, hett hei 't dahn,
Un Du willst mi dat Kind hir slahn?
Kann hei dorför, dat s' em bedrogen?
Wat geihst nich sülwst hen, olle Nusseljochen?" –
„Holl 't Mul mit Dinen dwatschen Snack,
Süs kam 'ck Di sülwst noch up dat Dack!"
„So? Seiht! – Ih dat wir schön!
Mi un dat Kind, dat wullst Du slagen? –
Swig' reining still, rohr nich, min Sæhn! –

Ick will Di Up min ollen Dagen
Noch gaud naug wisen, wat 'ne Hark.
Entsamte Voßkopp! slah mal tau!
Irst schickst Dat unmünn'ge Kind tau Mark,
Dat hei verhandeln sall de Kauh,
Un wenn hei Di denn is tau Willen
Un bringt en föftig schöne Brillen
För de oll Klatsch, denn makst Du uns Spermang?
Kumm her, Du nakte Kirl! Kumm 'ran!
Du Jammerlappen wullst mi slagen,
Den'n ick ded'in min jungen Dagen
Oft mit en rugen Hanschen jagen?
Wat kann dat Kind dorför, Du olle Strick,
Dat Dine Näs' hett keinen Schick?
Segg, kann dat Kind dorför, dat Di de Brillen
Up Dine dicke Snut nich sitten willen?
Un dorför willst Du slagen mi dat dat Gör,
Un makst so 'n grugliches Gewes'?"
„Ja, Vader, wat kann ick dorför,
Dat Ji för Brillen keine Näs'?" –
„Na," seggt de oll Swart, „na, dit 's doch stark!
As wenn ick schüllig an den Handel wir.
Ick schick em blot hen nah den Mark,
Dat hei Cultur der Welt dor lihr,
Un hei bringt mi taurügg en Hümpel Brillen!" –
„Ih, Vader," seggt de Ollsch, „ wat Di inföllt!
Wat nennst Du den Cultur der Welt?
Kik blot unsen Preister an,
Dat is gewiß en finen Mann,
Un hett Cultur der Welt, so vel hei will,
Geiht dei nich ümmer mit 'ne Brill?
Un unsen Eddelman sin olle Swester,
Uns' Amtsverwalter, sülwst uns' Köster – –
Kort, All'ns, wat wat bedüden will,
Dat dröggt jetzunder ok 'ne Brill,
Un Allens, wat vörnem gelt,
Geiht mit 'ne Brill stolz upgemutert." –

„Ja, Vader, üm Cultur der Welt
Heww ick de Brillen för Jug schutert." –
Oll Swart, dei kratzt sick in den Kopp:
Em is binah tau Maud', as ob
Sei em taum Naren hewwen deden.
„Na, Vader," seggt de Ollsch, „büst nu taufreden?
Is nu nich Allens will un woll?" –
„Dat kann ick jüst nich seggen," seggt de Oll,
„De Sak is uter allen Spaß;
De Dinger sünd mi gor nich mal tau Paß.
Taufreden? – ne! – Dat ick nich wüßt.
Taufreden? – ne! Denn müßt ick leigen!
Hei hadd mi ok de Näs' mitbringen müßt,
Dei em de Brillenjud' ded' dreigen."

De gollene Hiring

Ick will Jug mal vertellen wat
Hürt, mine Herrn un Damen!
In Meckeborg, dor liggt 'ne Stadt,
Un Lübs heit sei mit Namen:
Dat is en lüttes, narsches Naest,
Un is all ümmerher so west,
So lang' ick kann man denken.

Dor wahnten mal twei Gastwirths d'rin,
Ein hadd 'ne gall'ge Lewer,
De anner hadd en sturren Sinn
Un wahnt em gegenæwer;
Un wenn dat Einer weiten will,
De ein heit Büll, de anner Müll,
Un lewten Beid' in Findschaft.

Sei gnatzten sick, sei kiwten sick,
As süll 't den Kragen gellen,
De Schimpwürd' flogen hageldick;
Un 't blew nich blot bi 't Schellen,
Sei stegen Beid' sick up dat Dack
Un deden sick taum Schawernack,
Wat sei man jichtens künnen.

Wenn Büll en Abendbrod mal gew,
Üm tau prosentiren,
Denn ret Herr Müll em glik en Schäw,
Let ok ein utrüstiren;
Un gew Herr Müll denn mal en Ball,
Denn danzten s' bi Herr Büllen all
Un fläut'ten un trumpet'ten.

De Wiwer kemen ok mit mang;
Dunn gaww 't irst en Spectakel,
Dunn gaww dat irst en Strid un Zank.
Sei schüll'n sick as dat Takel.
Un hadd Fru Müll'n en niges Kled,
Fru Büll'n sick ok ein maken let,
Dat müßt noch schöner wesen.

Ein Jeder gaww sick vele Mäuh,
De Gäst an sick tau locken,
Doch dat blew Allens einerlei,
En Hunnendanz up Socken:
Dat was nicks Dünn's, dat was nicks Dick's,
Herr Büll hadd nicks, Herr Müll hadd nicks,
Dat müggt de Düwel halen! – –

As eins sin Wirthshus leddig is,
Seggt Müll tau Madam Müllen:
„So geiht dat nich, dat is gewiß,
Wenn wi bestahn willen.
Dor föllt mi jüst en Infall in;
Giww mi ma Tint un Fedder swin'n!"
Un hei fängt an tau schriwen:

Ich infentir die Herren heut,
Mich gütigst zu besuchen.
Zu ungeheurer Heiterkeit
Giebts Braten und auch Kuchen
Und endlich mach' ich noch bekannt,
Mir ward ein Fäßchen zugesandt
Voll holländischer Hering'.

In einen von den Heringen
Thät ich ein Goldstück stecken;
Wir essen Alle, bis man den
Gespickten wird entdecken.
Und so hab' ich es eingericht't,

Daß, wer von Sie den Hering kriggt,
Der kriggt auch den Dukaten.

Gewisse Leute möchten gern
Die Nahrung mir berauben;
Drum werden wohl die edlen Herrn
Noch gütigst mir erlauben,
Sie zu bemerken: ich heiß Müll,
Der gegenüber, der heißt Büll,
Un Müll ist's, der dies schreibet."

Tau Madam Müllen seggt hei nu:
„Dat is wat för de Naren.
Du sallst mal seihen, leiwe Fru,
Wo sei d'rup drinken warden.
Wenn Du d'rup regardirt man hest,
So 'n Hiring giwwt gefährlich Döst,
Hei brennt, as 't helle Füer."

Den Abend is dat Hiringsfest;
De Lübser herren kamen;
Un as Herr Müllen sine Gäst
Nu alle sünd tausamen,
Dunn ward dat Fatt herinner set't,
Un Jeder von de Lübser frett
Nu in den solten Hiring.

Halw was all leddig fast de Tunn,
(Dat hal denn doch de Däuker!)
Un Keiner noch den rechten funn;
Ne, uns' Herr Müll was kläuker:
Hei hadd em unnen 'rinner packt.
Doch ok mit de Vertehrung hackt't
Un Keiner föddert Drinken.

„Dit is doch narsch! Dit weit ick nich,
Wo sei den Döst mit stillen,

De Kirls, dei freten fürchterlich,"
Seggt Müll tau Madam Müllen.
„Ick meint, ick makt en gaud' Geschäft;
Noch heww ick gor nicks Natts verköfft,
Nich för en roden Dreiling.

Corline! Dit ward keine Mütz,
Hüt geiht woll Kein Koppheister,
Hüt giwwt't nich mal en lütten Spitz,
Denn sülwst de dick Burmeister,
Dei hett hüt Abend keinen Döst,
Dor sitt hei blot un blöst un blöst
Un denkt nich an den Rothspon."

„Je, wat dat narsch hüt Abend is,"
Seggt tau em Madam Müllen,
„Dat is, dat sei sitten wiß,
Dat sei täuwen willen:
Sei lopen 'rut, sei lopen 'rin
Un freten denn den Hering swin'n
Un lopen wedder 'ruter."

„Hurrah!" röppt einer von de Gäst,
„Hurrah! ick heww gewunnen.
Ji Annern sid tau dæmlich west,
Ick heww den rechten funnen!" –
„Nu lat man sin, nu swig' man still!
Nu ward'n s' woll drinken," seggt Herr Müll,
„Nu sallst Du 't blot man seihen."

Je Essig was doch die Geschicht!
Je, Kuchen! seggt Herr Meier.
De Gäst, dei drünken dennoch nich.
Verterhten nich en Dreier;
Un lang' hett dit ok gor nich durt,
Güng Einer nah den Annern furt:
„Gu'n, Nacht ok, Madam Müllen!"

„Gotts Dunnerwetter! Angeführt!
Bitt di üm Gotteswillen,
Hest Du Din Lewsdag' so wat hürt?"
Seggt Müll tau Madam Müllen.
„Hüt güng dat Allens rein verdwas,
Sei drünken nich en einzigst Glas,
Un weg is min Dukaten."

Dat was vörbi, doch durt't nich lang',
As sei noch d'ræwer schüllen,
Dunn hürten sei Gesang un Klang
Heræwer von Herr Büllen:
'Komm her, Feinsliebchen, her zu mir!'
'So leben wir, so leben wir!'
Un wat s'noch wider sungen.

„Wat's dit?" seggt Müll, „wat is denn dit?
Wat sall denn dit woll heiten?
Kumm, Line, nah de Strat mal mit:
Dit möten wi doch weiten."
Un as sei up de Strat nu sünd,
Dunn kümmt denn ok en gauden Fründ,
Dei deiht ehr dat verkloren.

Hei halt dat Wochenblatt herut,
Dor stunn denn dat ganz düdlich
(Herr Müll, fohrt fast ut de Hut,
Dit würd em doch tau nüdlich),
Sin Nahwer Büll, dei schrew dorin,
Bi em süll Punsch hüt Abend sin.
So stunn dat in de Zeitung:

„Gewisse Leute haben heut
Zum Hering eingeladen.
Zu solch großen Salzigkeit
Kann es gewiß nich schaden,
Daß ich auf vieler Freunde Wunsch

Heut Abend gebe einen Punsch,
Un wohl bekomm's die Herren!

Ich hab' es also eingericht't,
Daß jeder von die Gäste
Das vierte Glas umsonst heut kriggt;
Denn bei dem Heringsfeste
Da stellt der Durst sich sicher ein.
D'rum wird es sehr zweckmäßig sein,
Wenn ich denselben lösche.

Gewisse Leute meinen woll,
Sie seien klug berathen;
Doch heut in meinem Beutel soll
Noch klingen ihr Dukaten;
Un noch bemerk ich, ich heiß Büll,
Der Heringspender, der heißt Müll.
Willkommen sein Dukaten!"

„Dor is 't, dor heww'n wi de Pastet!"
Seggt Müll tau Madam Müllen.
„Dat ick ick mi so anführen let
Un noch dortau von Büllen!
Wenn ick em krig, ick slag em krumm.
Ick Esel! Ach, wat was ick dumm!
Un Du dortau, Fru Müllen!"

De Stadtreis'

„Hür, Fritz, min Sæhning, weitst Du wat?
Wi möten woll vör allen Dingen
Glik morgen früh man in de Stadt
Un unsen Weiten 'rinner bringen."
Säd' Vader Pæsel tau den Jungen.
Na, dat was gaud! – Sei fungen
Ok glik tau sacken an, un annern Morgen früh
Satt Fritz tau Pird' un fläut't 'ne Melodie
Un führt den Weiten nah de Stadt.
De Oll, dei up den Wagen satt,
Dei halt sick sine Pip herut
Un rekent sik den Weiten ut.
As sei nu nah de Stadt 'rin kemen,
Dunn würd de Oll sin Prauwen nemen –
Dei hadd hei in den Snuwdauk bunnen –
Un gung dormit tau Stadt herin,
Un as hei hadd en Kopmann funnen
Kamm hei taurügg un säd': „Ick bün
All wedder hir. Min Sæhn, nu hür,
Sett Di tau Pird' un führ
Hen nah de Eck an 'n Mark, nah Bäcker Richtern,
Ick will mi hir en beten irst vernüchtern." –
Na, wat so 'n Bur vernüchtern heit,
Dat is bekannt, Ji weit't Bescheid. –
Hei drunk irst einen Sluck, dunn würden 't twei;
Un ut de twei, dor würden drei,
Un as hei drunk taum virten Mal,
Dunn hadd sick ok en Jud' infunnen,
Dei set't sick bi den Buren dal
(Hei sach dat glik, dat hir wat wir tau riten);
„Na, Brauder Pæsel, will'n mal smiten!

Smittst Du den Kopp, heww ick gewunnen,
Smittst Du de Schrift, hest Du verluren."
Oll Pæsel kratzt sick acht're Uhren:
„Man tau! Kopp oder Schrift!
Un wer verlirt, dei giwwt
'Ne Buddel Win taum Besten," seggt uns' Pæsel. –
Oh, Brauder Pæsel, wat büst Du för 'n Esel! –
Na, bald hadd sick de Bur recht schön herinnerpudelt
Un hadd dorbi sick in den Win, –
Wo kunn denn dat ok anners sin? –
En rechten Schönen 'rannerdudelt.
Nu let hei noch mihr Win sick bringen,
Un endlich fung hei an tau singen.
Dit tau beschriwen is nich licht,
Denn wenn so 'n Bur dat Singen kriggt,
Dat is, as wenn de Katten quaren,
Un wenn dortwischen Kalwer blaren. –
As Fritz was kamen mit dat Weitengeld,
Dunn würd hei ok herannerwunken,
Un as hei ok gehürig drunken,
Dunn würd de Oll tau Höchten stellt;
Twei kregen em nu bi den Kragen
Un läden em up sinen Wagen;
Un Fritz, dei ok in sinen Dæts wat spürt,
Dei set't sick up dat Sadelpird
Un dreiht sick üm un deiht den Ollen fragen:
„Na, Vader, sall 'ck nich 'n beten jagen?"
„Jung', wenn Du jagst, denn kriggst Du Schacht!"
Seggt Pæsel. „Ne, Du führst mi sacht." –
„Ih, Vader, weit Ji wat? Ick jag'!"
„Jung', sühst Du nich, ick ligg jo up de Unnerlag'.
Wo kannst Du woll an 't Jagen denken?
Sall ick mi denn dat Krüz verrenken?"
De Jung', dei führt de Strat ok sacht hendal,
Doch as de Oll denkt: nu is Allen woll,
Dreiht hei sick üm un seggt: „Ick jag', de Düwel hal!" –
„Jung', Du verdammte Slüngel!" röppt de Oll.

Je ja! Je ja! De Jung' hürt nich en Wurt,
De Oll de röppt un will 't em wehren;
De Jung' sleiht los up sine Mähren,
Un wat sei lopen kænen, geiht dat furt.
De Oll, dei flüggt woll up un nedder,
Bald up de Unnerlag', bald an de Ledder.
Wenn dit en beten länger durt,
Behöllt hei keinen Knaken heil,
Vör Allen in sin Achterdeil.
De Jung', dei jöggt in Einem furt,
Un ümmer düller jöggt de Schnæsel,
As wenn de Bengel Weddbahn rit,
Un ümmer düller függt uns' Pæsel,
As wenn hei in den Schockreip sitt. –
Na, endlich was de Damm tau Enn'n,
Un as sei in den Landweg wenn'n
Wo Ein so recht schön jagen künn,
Dor höll' de Jung' mit Jagen in,
As wull hei sinen Ollen brüden. –
„Hadd ick dat minen Vader baden," seggt de Oll,
„Hei wir mi kamen up de Siden."
„Na," seggt de Jung', „Ji mægt ok woll
En saubern Vader hewwen hatt!"
„Hæ?" fröggt de Oll. „Min Vader? Wat?
Min Vader? Ne, dat lat man sin!
Min Vader, dei was beter woll, as Din."

De Gesang

In Crivitz was einmal en Canter,
Dei hellschen stark in 't Singen wir;
Un ok tau glike Tid en Rathsverwandter,
De Mann was Kopmann un heit Lühr.
Dei hadd 'ne Dochter, wat en smuckes Mäten
Un ok noch jung bi johren wir,
In dei hadd unser Papa Lühr
So recht sick sinen Naren freten.
„Je, æwerst," denkt hei mal un nimmt 'ne Pris',
„Dat's all recht gaud! Doch min Lowis'
Möt 'ck doch tauletzt in't Kloster spun'n;
Mit gräune Seep un Hiringstunn'n,
Dor laten sick kein Brüjams locken;
Ick heww tau wenig intaubrocken.
Dat Einzigst, wat noch helpen kann,
Dat is, ick lat ehr Bildung lihr'n,
Denn fünn för mine smucke Dirn
Sick endlich ok woll noch en Mann.
Wenn sei kann Klawezimbel spelen,
Wenn sei en beten singen kann,
Bitt ok bi ehr woll Einer an.
Denn kann de Brüjam gor nich fehlen. –
Ick will man glik nah'n Canter gahn." –
De Canter was mit inverstahn.
Un nu würd up de Städ' anfungen,
Un nah de Mæglichkeit würd sungen.
Un de Lowis', de Dirn, dei hadd 'ne Kehl! –
Ne, so'ne Kehlen giwwt nich vel –
Sei sung Jug schir so fin un dünn,
Dat Ein't tauletzt gor nich mihr hüren künn. –
Denn stunn de Oll mit sinen Ladenswengel

So æwerglücklich in de Baud',
Denn was em jüstement Maud',
As wenn von'n Himmel all de Engel
Wir'n 'runner kameen vör sin Dör
Un süngen em en Stückschen vör;
Denn rew hei sick so froh de Hän'n
Un reckt sick mal so lang in En'n.
Na, einstens güng hei ok mal wedder
In sinen Laden up un nedder,
So fröhlich as 'ne Filzlus schir,
Un bi em stunn sin Ladenswengel,
Dei sammelte Rosinenstengel
Un hürte ok dat Singen tau. –
Dunn kamm 'ne olle Fru: „Gu'n Dag, Herr Lühr!
För'n Sößling Zyrup un en beten tau." –
De Canter sung jüst ut den besten Dur,
Un Wise Lühr'n, dei quinkelirt mit mang,
Herr Lühr dei stunn, as stunn hei up de Lur,
Un horket up den Prächtigen Gesang,
Dunn stellt de Ollsch woll up den Disch den Pott,
Fat't Lühren an de Hand un röppt: „Mein Gott!
Dor is woll Einer krank förwohr?
Min leiw' Herr Lühr, wer breckt sick dor?"

De blinne Schausterjung´

„Ach, Meister! Meister! ach, ick unglückselig Kind!
Wo geiht mi dit? Herr Je, du mein!
Ach, Meister! Ick bün stockenblind,
Ick kann ok nich en Spirken seih!"
De Meister smitt den Leisten weg,
Hei smitt den Spannreim in de Eck
Un löppt nah sinen Jungen hen:
„Herr Gott doch Jung'! Wo is di denn?" –
„Ach, Meister! Meister! Kiken S' hir!
Ick seih de Botter up't Brod nich mihr!"
De Meister nimmt dat Botterbrod,
Bekickt dat nipp von vörn un hinn'n:
„So slag' doch Gott den Düwel dod!
Ick sülwst kann ok kein Botter finn'n.
Na, täuw!" Hei geiht tau de Fru Meistern hen
Un seggt tau ehr: „Wat makst Du denn?
Wo is hir Botter up dat Brod?
Dor slag' doch Gott den Düwel dod!" –
„Is dat nich gaud för so en Jungen?
Ji sünd man All so'n Leckertungen;
Ji müggten Hus un Hof vertehren,
Un ick sall fingerdick upsmeeren.
So geiht dat noch nich los! Prahl sacht!
De Botter gelt en Grösch'ner acht."
„Ih, Mudder, ward' man nich glik bös,
Hest Du denn nich en beten Kes'?"
Un richtig! Sei lett sick bedüden
Un deiht den Jungen Kes' upsniden.
De Meister bringt dat Botterbrod herin,
Giwwt dat den Jungen hen un fröggt,
Ob sick sin Blindheit nu hadd leggt,

Un ob hei wedder seihen künn.
„Ja, Meister, ja" Ick seih so nipp,
Ass hadd 'ck 'ne Brill up mine Näs',
Ick seih dat Brod all dörch den Käs."

De Strick

Herr Amtmann Schacht, dei ümmer prügeln let,
De führte mal sine Fru spazieren,
Un as hei nu so ganz behaglich set,
Dunn müßt em dat Mallür passiren,
Dat em de Bänkereimen ret.
Hei künn so'n dörtig Liespund wägen,
Un so vel wull de Reimen nich verdrägen.
Dor lagg hei nu un zappelt mit de Bein;
Un sine Fru, dei ok rüggæwer schütt,
Dei zappelt mit ehr leiwen Beinings mit.
„Du brukst Di gor nich ümtauseihn,"
Seggt tau den Kutscher Amtmann Schacht,
„Giww leiwerst up de Mähren Acht!
De Sak, dei ward sick liker reih'n,
Wenn wi man blot en Stricken'n fünn'n,
Dat wi de Bänk uns wedder bünn'n."
De Kutscher, dei söcht vörn, de Amtmann hinn'n,
Doch nahrens wull en Strick sick finn'n.
Den Amtmann sine leiwe Fru,
Dei müßt nah desen Trubel nu
Bi ehren Jochen sick platziren;
De Amtmann blew up sinen Rüggen
In des' Bequemlichkeit beliggen –
Hei was kein grote Fründ von't Rühren.
So kam'n sei denn nah Möllenhagen.
Bi'n Kraug, dor höllt de Kutscher an
Un deiht de Lüd', un deiht den Kräuger fragen,
Ob hei em nich en Strick verschaffen kann.
Na, wil dat eben Kraugdag wir,
So wiren all de Buren hir,
De Schult, dei trett ok an den Wagen,

Un den'n ward ok de Amtmann fragen.
„Ja woll! Herr Amtmann, glik in'n Ogenblik!"
Seggt Schultenvader, löppt un bringt en Strick.
„Min leiwer Schult, ick dank Em sihr
Dorför, dat Hei den Strick mi leihnt."
„Oh, dorför nich, Herr! Ne! Sei heww'n woll mihr
As einen Strick üm uns verdeint."

Tru un Glöwen

Wenn so de Bur mal in den Kraug
Bi sinen Sluck mit Annern sitt,
Denn ward dor meistens dræhn ok naug:
Sei reden denn von dat un dit;
Bald sünd dat Läuschens, dei sei sick vertellen,
Bald reden s' von de slichten Tiden.
Un männigmal, denn fangen s' an tau schellen:
Sei brukten ok nich All'ns tau liden;
Un ob de Amtmann glöwt, dat sei sin Naren,
Un dat sei gor nich nödig hadden,
In Allen Orre tau pariren,
Dat sei nagradens münnig wiren.
„Ja," säd' den mal oll Bur Pæsel,
As sei eins seten in den Kraug tauhopen,
Un em de Gall würd æwerlopen,
„Ja! Uns' Herr Amtmann is en Esel!
Un wohr is't, un 't is ganz gewiß,
Dat hei en groten Swinhund is;
Un den'n, dei mi 't nich will tau glöwen
Den'n will ick dat ok schriftlich gewen."
Na, dat würd ok so lang' nich duren,
Dunn wüßt de Amtmann, dat de Buren
Em lästerlich utschullen hadden,
Un namentlich, dat Bur Pæsel
Hadd seggt, hei wir en wohren Esel.
Hei lett sei all tau Amt nu laden,
Un lett sei tau Gerichtsdag kamen.
Dor würden sei denn nu vernamen,
Un enzeln würd en Jeder fragt:
„Hat Bauer Pæsel das gesagt?"
„Ick weit dat nich, ick was nich dor." –

„Ih, Gott bewohr! dat is nich wohr." –
„Herr Amtmann, me! Dat ick nich wüßt." –
„Dat hadd ick doch ok hüren müßt." –
„Wi heww'n von slichten Tiden seggt." –
„Ick hür up't linke Uhr nich recht."
Kort! Keiner wull dorvon wat weiten,
Dat Pæsel em en Swinhund heiten.
An Bur Möllern kamm tauletzt de Frag',
Dei was man dumm un ok man zag';
De Amtmann fohrt em eklig in de Prük
Un führt em häßlich an den Wagen:
„Wenn Hei nich deggt de Wohrheit glik,
Denn lat ick krumm un lahm Em slagen.
Wat säd' tau Em de Bur Pæsel?
Heruter mit de Sprak! Wat wir't?" –
„Ach ja, Herr Amtmann, ja Ick heww dat hürt,
Hei säd', Sei wir'n en rechten Esel.
Wat wohr is, dat bliwwt wohr!"
„Hürt dat viellich noch süs wer dor?" –
„Dat glöw ick nich, dat kunn woll nich gescheihn:
Wi stunnen an den Aben ganz allein." –
„Dat is fatal! Nur einen Zeugen! – –
Nu paß Hei up un häud' Hei sick vör't Leigen!
Säd' Pæsel Em ok süs noch wat?" –
„Herr Amtmann, ja! Hei säd' noch, dat
Woll Keiner dat bestriden künn,
Dat Sei en Swinhund deden sin,
Un dat wull hei mi schriftlich gewen." –
„Er Schafskopf, Esel, Dummerjahn,
Warum nahm Er denn das nicht an?
Warum ließ Er sich's denn nicht geben?" –
„Ih, dat ded' ick em so tau glöwen." –

Dat heit ick anführen

Tau Bramborg wahnt en ollen Jud',
Dei hadd schir so vel Geld ad Meß;
Hei satt ganz stif vull Luggedur,
Un hungerte un döst't, indeß
Hei ümmer mihr tausamen schrapen ded'
Un Stück för Stück up hoge Kant henläd'.
De Oll, dei hadd dat Eten fast versworen,
Un ümmer kakt dat alle Krut,
Blot üm dat beten Holt tau sporen,
Sick Eten up drei Dag' vörut.
Na, einmal hadd hei dicke Arwten
Sick up drei Dag' in vörut kakt –
Un sick dortau so'n lütten unbedarwten
Un drögen Hiring ut mit Water lakt.
Na, wenn bi Sommertid de Dicken Arwten
Heww'n in 'ne dump'ge Kamer legen,
Un dat drei Dag' hendörch bi Dag un Nacht,
Denn kann nich Jeder sei verdrägen.
So vel is wohr: wer'r mag dei mag't,
Un wer't nich mag, dei mag't jo woll nich mægen.
Ick bün woll hartfratsch, Vaddermann;
Doch mit so'n Arwten stah ick nich mit an. –
Na, as hei nu de Arwten ded' probiren,
Dunn markt denn ok dat ollle Creatur,
Dat sei nich blot en beten sur,
Ne, dat sei ok all muchlich wiren.
Hei prauwt un prauwt; doch wull't em nich gelingen,
En lütten Happen 'run tau bringen;
Sei wullen em dörchut nich gliden.
Na, Schaden wull hei ok nich liden,
So gung hei endlich tau en Schapp un nem

'Ne Buddel 'ruter mit en Kæm
Un schenkte sick en Gläsken in
Un sprok tau sick in sinen Sinn:

„As du ißt de Erbsen, Levi,
As du kriegst en kleinen Kümmel;
As du nicht de Erbsen ißt,
As du nich den Kümmel kriggst."

Un somit kratzt hei af den Schimmel,
De æwerall all up de Arwten stunn,
Un fratt de suren Arwten 'run. –
Un höll dorup den Sluck an't Licht
Un makt en fründliches Gesicht
Un lickmün'nt säut un grint em tau;
Doch as hei nahdacht hett in Rauh,
Dat hei den Sluck woll sporen künn,
Dunn got hei'n nah de Buddel 'rin.
„Da hab' ich," seggt dat olle Dirt,
„Den alten Levi angeführt!"

Wat Einer hett, dat hett ´e

„So lang', as ick noch Ogen heww taum Seihn,
So lang' lat ick mi noch kein Näsen dreihn,
So geiht dat noch nich los," seggt Bur Pæsel,
„So'n Schapskopp meint, ick bün en Esel:
Ick sall em Geld up Tinsen leihn,
Un up'n Harwst will hei mi't wedder gewen.
Ja! Wer en Nar doch wir, em dat tau glöwen,
Oll Pæsel führt man so nich an.
Ne, Vadder Voß, wenn ick Di raden kann,
Tau so'ne Mippken un Masäuken.
Dor möst Di einen Dümmern säuken,
Dei mag Di hunnert Daler leihn,
Ick lat mi keine Näsen dreihn!
Wat Einer krigen sall, dat liggt noch sihr in'n Widen.
Wenn Einer klauk is, denn befött 'e
Sick mit so'n Saken nich in desen slichten Tiden,
Min Spruch, dei is: „Wat Einer hett, dat hett 'e,"
Dit wiren Pæseln sin Gedanken,
Dei hei so halwlud' vör sick spreckt,
As hei den Faustig gung entlanken,
Dei an de Wisch sick 'rümmer treckt. –
Dat was tau Frühjohrstid: de Strom, dei hadd sick dämmt,
De ganze Grund was æwerswemmt;
Dat Water, dat kamm up en Stoß,
Ret Weg' un Steg' un Brüggen los,
Hadd Schünen, Hüser 'runner smeten
Un Veih un Minschen mit sick reten.
„Ne! Wat so'n Volk doch dæmlich is!
Sick an dat Water antaubugen!
Je, ick! Ick süll dat Water trugen?
Ne!" seggt oll Pæsel, „dat's gewiß:

Kein vieruntwintig Pird', dei tögen
Mi an dat Water 'ran; ick bliw hübsch up'n Drögen."
Un as hei noch so red't un deiht
Un æwer't Water 'ræwer süht
Nah eine olle Ellerwrit,
Dei midden in dat Water steiht,
Dunn is em't so, as ded' sick dor wat rögen.
„Wo, Dunnerwetter! kik einmal!
Dat is en Has'! De Düwel hal!
Wo 's't mæglich! Ne! – Ne! süh dat Dirt!
Dat Ding, dat is en Mag'stück wirth." – –
En Kahn was ok denn bald tau Hand
Un hei stött lustig af von't Land
Un lett dat Räuder düchtig trecken.
„Täuw, du sallst her! du sallst mi smecken!
Di hal ick mi! Kumm, Häschen, kumm!
Sei holl'n mi All för gruglich dumm!
Je, ick bün klauk; paßt ji man Acht!
Wer lacht tauletzt, am besten lacht." –
Hei räudert forsch, un nah 'ne korte Tid
Is hei ok bi de Ellerwrit. –
De Has' is sin, wo kann dat anners sin?
De Sak is klor, as Bodder an de Sünn';
Hei liggt binah all in sin Schöttel. –
Hei springt nu up den Hasen in,
Hei sprringt un dröppt 'ne Ellerwörtel,
Un baff! Dor liggt de stiwe Buck.
De Kahn, de kriggt en lütten Rück,
De Has' flitscht weg un 'rinner in den Kahn,
De Strom hett ok dat Sine dahn;
De Kahn drift af, un wat geschüht?
De Has' drift an dat Land; de Bur sitt up de Writt.
„Wo? Dit is doch!" seggt Pæsel. „Wer künn dit woll denken?
Dor sitt dat Dirt an't Land un makt sin Männken;
Dor löppt hei hen, un ick möt kuschen
Un sitt hir liksterwelt, as Excellenz bi Buschen,
Sitt wunderschön hir up den Drögen.

Wenn dit min Nahwers so tau weiten kregen,
Un wenn sei mi hir sitten segen,
Dei glöwten schir, ick wir en Dummerjahn
Un hadd bi'n Dæmlack Paden stahn,
Un'n Dæskopp wir min liflich Vedder. –
Nu sitt ick hir un kann mi schön wat pipen!
Ne! Geld up Tinsen dauhn un Hasen gripen,
'T is all egal: Wat Einer hett, dat hett 'e."

Hei möt 'e 'ran

Baron von Mulderjahn up Groten-Klagen,
Den'n Hogen-Schullen ok ded' hüren,
Dei let nah sinen Kutscher fragen,
De Kurscher süll nah Rostock führen.
„Jehann," säd' hei, „mach' Dich parat und spann'
Die beiden besten Braunen an
Und fahr' damit nach Rostock – immer schlanken Trab –
Nimm diesen Brief und gieb ihn ab
Beim Herrn Doctor juris Witten,
Mach' ihm mein Compliment, ich ließ' ihn bitten,
Er möcht' doch selbst gleich auf der Stelle
Mit Dir nach Großen-Klagen kommen;
Du hätt'st deshalb für alle Fälle
Ein eignes Fuhrwerk mitgenommen.
Er müßte fahren in dem Augenblick,
Un ohne Doktor kommst Du nich zurrück!" –
„Je, Herr Baron, wenn hei nu doch nich will?" –
„Ei was! Kein Widerwort! und still
Wenn ich was sag'. Du hast jetzt den Bescheid;
Ich bin in schrecklicher Verlegenheit." –
„Dat glöw ick sacht! Dat is hei ümmer,"
Seggt, as hei buten is, oll Kutscher Brümmer.
„Hei 's ümmer in Verlegenheit un ümmer doch mit Listen, –
Un schüllig is hei All'ns, bi Juden un bi Christen." –
Hei makt sick farig, spannt dunn an
Un jöggt nah Rostock, wat hei kann,
Un dröggt den Breif nah Dokter Witten.
Dei lest den Breif un smitt 'en
Verdreitlich bi de Sid' un seggt ganz argerlich:
„Was meint Sein Herr, was denkt er sich?
Meint der, ich hab' nichts Anderm aufzupassen,

Als mich mit seinem Unsinn zu befassen?
Ich muß nach meinem Gut verreisen morgen,
Dort hab' ich Nöth'ges zu besorgen."
„Denn helpt dat nich!" seggt Kutscher Brümmer,
„Wat möt, dat möt. Denn möt ick mi güdüllen.
Ick säd' 't em woll, doch hei säd' ümmer:
Sei müßten kamen und Sei süllen,"
Un dormit geiht hei hen, wo hei logirt.
De Dokter Witt, dei stiggt tau Pird
Un ritt heruter nah sin Gaud.
Hir hett hei sick nu wollgemauth
In sinen Lehnstaul eben set't,
Hett sick 'ne frische Pip instoppt,
Un damp vergnäuglich noch so fett,
Dunn ward an sine Dör ankloppt.
„Herein!" seggt Dokter Witt – „wer süll dat sin?"
Un Kutscher Brümmer kümmt herin.
„Gu'n Abend, Herr, na, ick bün hir
Un wull man fragen, wenn wir führen." –
„Ist Er nicht klug? Was folgt Er mir?
Was hat Er mir hier nachzuspüren?
Ich will von Seinem Herrn nichts wissen,
Ich fahre nicht mit Ihm; ich werde morgen
Nach Brandenburg verreisen müssen,
Ich hab' dort Manches zu besorgen."
„Na, gaud," seggt Brümmer, „wenn Sei denn nich willen,
Denn helpt dat nich, denn möt ick mi güdüllen." –
De Dokter führt tau rechte Tid
Nah Bramborg hen, doch wat geschüht?
As hei bi Fritzing Reicherten sick eben
Hett laten wat tau eten gewen
Un jüst 'ne Buddel Win hett vör,
Dunn kloppt dor wer an sine Dör.
„Herein!" röppt hei, un wer kümmt 'rinner?
Wahrhaft'gen Gott! oll Kutscher Brümmer!
„Gu'n Dag! Na, ick bün hir un wull man fragen ....?
Wi sünd nu dicht bi Groten-Klagen...."

„Kerl, sag' Er mal, ist Er denn rein verrückt?
Nu paß Er auf, nun will ich Ihm was sagen;
Nu sag' Er dem, der Ihn geschickt:
Ich wollt' mit seiner Lumperei mich nicht befassen.
Ich hab' die Sache endlich dick,
Der Herr Baron kann sich was malen lassen.
Ich muß nach meinen Gut zurück."
„So geiht 'e gaud!" seggt Kutscher Brümmer,
„Ick säd' dat woll, so würd dat gahn,
Doch wenn Ein 't Mul updeiht, denn heit dat ümmer:
'Halt's Maul, Er Schapskopf, Dummerjahn!'
Na, wenn Sei denn nich mit mi willen,
Denn helpt dat nich! Denn möt ick mi gedüllen." –
Den annern Dag sitt will un woll
De Dokter up sin Gaud, tau Lütten-Protokoll. –
So heit dat Gaud, so hadd hei't näumt,
Wil hei't sick hadd mit Schriweri verdeint. –
Hei sitt in gaude Rauh, dunn kloppt dor wer.
„Herein!" – Oll Brümmer kümmt herin: „Gu'n Abend, Herr!
Na, wenn Sei't paßt, denn will'n wi morgen führen."
De Dokter denkt, de Slag, dei sall em rühren:
„Insamer Kerl, dies is doch rein zu toll!
Mir nachzukommen hier nach Kleinen-Protokoll!
Ist Er verrückt? Und ich behext?
Sein Herr kann gehen, wo der Pfeffer wächst!
Nun will ich Ihm zum letzten Male sagen:
Die Nacht kann Er nun hier noch bleiben,
Doch ist Er morgen früh um vier
Nicht 'runter von dem Hof, ist Er noch hier,
Dann laß ich von dem Hof Ihn treiben,
Mit Hunden Ihn herunter jagen,
Und krumm und lahm laß ich Ihn schlagen,
Und Seinem Herren kann Er sagen:
Ich wollt' mich nicht mit Narren plagen,
Nu könnt' er gehn un mich verklagen,
Ich thät' den Teufel darnach fragen!" –
„Na, denn adjüs, Herr Dokter Witt!

Wenn dat nich is, denn is dat nich!"
Doch as hei buten is, seggt hei tau sick:
„Hei sall 'e 'ran! De Kirl sall mit;
Wir hei de Tagst ok up de Welt,
Un hadd hei up den Kopp sick stellt,
Ick krig' em doch noch bi den Kragen,
Hei sall 'e 'ran! Hei sall nah Groten-Klagen!" –
Den annern Morgen führt uns' Brümmer,
Un 's Abends gegen achten 'rümmer
Is hei tau Städ' un geiht taum Herrn Baron.
„Nun, endlich! Bist Du endlich da?
Nun, Gott sei Dank! Ich warte lange scho!" –
„Dat segg'n Sei woll! Je ja! Je ja!
Dat is man so, as kumm man ball:
So'n Ort, dei lett so fixing sick nick krigen." –
„Wo ist er denn? Wo ist er abgestiegen?" –
„Wo süll hei sin? Hei 's unnen in den Stall!" –
„Im Stall? Der Dokter in dem Stalle?
Als wär's ein Hofjung' oder Knecht!
Und meine schönsten Zimmer alle
Sind fast für solchen Mann zu schlecht!
So'n Schafskopf! 's ist doch fürchterlich!
Der Dokter Witt muß in dem Stalle warten!" –
„'Ruppbringen, Herr, lett hei sick nich!
Denn Treppen? – ne! – kann hei nich stigen,
Un witt is hei ok nich, dat is en Swarten;
Un ick dank Gott, dat ick man den'n ded' krigen." –
Den Herrn Baron up Groten-Klagen,
Bi den'n dat süs all nich ganz richtig was,
Den'n würd tau Sinn, as wenn hei langs un dwas
Mit einen Dæmelsack wir slagen.
En Swarten? – Un kein Treppen stigen? –
De Dokter Witt? – Un unnen in den Stall? –
Hei fröggt un fröggt. – Wat helpt dat all,
Ut Brümmer'n is nicks 'rut tau krigen,
Un uns' Baron von Mulderjahn
Möt sülwst man nah den Stall 'run gahn.

Hei kickt un söcht, söcht vörn un hinnen,
En Dokter is dor nich tau finnen. –
„Wo ist er denn, Du Schafskopf, wo?" –
„Ih, Herr Baron, dor steiht hei jo." –
Ick denk, nu lus't de Ap den Junker!
„Wie? – Was?" schriggt hei, „Kerl, bist Du toll?
Da ist ja 'n schwarzer Wallach, Du Hallunke!"
„Je, Herr Baron, dat segg'n Sei woll!
Ick hadd Sei dat doch fast verspraken;
Sei säden doch, hei müßt un süll;
Nu wull hei nich. Wat süll ick maken?
Wenn Einer nu abs'lut nich will! –
Ick künn em doch dortau nich dwingen
Un mit Gewalt em mit mi bringen;
Nu heww 'ck sin Ridpird ut den Stall em namen;
Nu passen S' up, nu ward hei sülwst woll kamen,
Nu sall hei woll! Nu kümmt hei morgen an.
Wat gelt de Wedd? Hei sall 'e ran!"

De Meckelbörger

Dor was mal eins in Meckelborg
En oll Inspekter, sihr bekannt,
Mit Namen Krischan Korl Georg
Un Zamel Ludwig Peiter Brand;
Doch alltausamen, dei em kennten,
Em man den Schimmel-Brandten nennten,
Nich wil hei jüst all schimmeln ded',
Ne, wil hei einen Schimmel red';
Un dei dürst ok so swack nich sin,
Wenn hei süll den Inspekter drägen,
Denn unse Brand, so as hei stünn,
Künn an dreihunnert Pund' woll wägen,
Un doran fehlt kein einzigst Pund.
Un dorbi was hei kerngesund
Un hadd dorbi tau jeder Tid
En ganz captalen Appetit.
So'n Schinken von en Pund'ner teihn,
Den'n putzt hei so taum Frühstück blos,
Un dorbi was em gor nicks los,
Un nicks nich was em antauseihn.
Un einmal säd' hei tau sin Fru: „Den Dunner Hagel!
So'n Gaus is doch en snakschen Vagel:
Von eine einzige allein, dor ward
Taum Frühstück keiner richtig satt,
Un ett man twei, dei 'n beten grot,
Verdarwt man sick dat Middagsbrod."
Dortau drunk hei en gaud' Glas Win,
Un denn recht velen müßt dat sin. - -
Eins führt hei nah den Wullmark tau Berlin.
Bald was sin Wull denn ok verköfft,
Un hei hadd makt en gaud' Geschäft,

Doch ihr hei wedder weg wull führen,
Wull hei de Stadt beseihn en beten
Un sick en beten verlustiren;
Vör Allen wull hei æwerst eten.
En Bummler bröcht för gauden Lohn
Em denn ok nah 'ne Rest'ratschon,
Wo dat up't mæglich Finste was.
Dat kamm em denn nu schön tau Paß,
Un as hei achter'n Disch hett seten,
Dunn röppt hei: „Hür, min Sæhn! Markür!
Oh, bring' mi mal en beten Eten!"
„Ja wohl, mein Herr! Was wünschen Sie?"
Un giwwt den Oll'n 'ne Stripp Poppir,
Worup dat All tau lesen stunn,
Wat Jeder för sin Geld hir krigen kunn.
Na, Schimmel-Brand, dei lest und lest;
Hir 's vel för Hunger un för Döst,
Doch durt dat lang', ihr hei wat süht,
Worup hei rechten Appetit
Un so'n rechten Giwwel hadd.
Doch endlich seggt hei tau den Jungen:
„Na, bring' mi Spars' un Duwenbrad'
Un ok en Stückschen Ossentungen."
De Jung', dei löppt un bringt em 'ne Potschon.
„Wo?" seggt uns' Brand, „wo? Dat is 'ne Potschon?
Ensamte Slüngel, segg wat denkst Du Di?
Wo kannst mi so en Happen gewen?
Dat is en Lickup man för mi.
Bring' glik mal 'rin en Stückner sæben,
Un hal sei fix un nich tau tarig;
Mit des' dor bün ick nu all farig." –
De Jung', dei bringt s' nu alle sæben,
Un Brand lett sick en Achtel Rothspon gewen. –
De Jung', dei löppt un set't en Gläsken hen.
„Du Schapskopp! Segg, wat denkst Du denn?
Paß up! Süs giwwt dat eine Tachtel.
Dat Drüpping? Nennst Du dat en Achtel?

Dor lop man glik den Saal entlanker
Un hal mi mal en Achtel Anker." –
Nu würden em fiw Buddeln bröcht.
„So!" seggt uns' Brand. „So! nu is't recht!
Doch bring' noch 'n beten Hiringss'lat. –
So, nu min Sæhn, nu heww 'ck min Mat."
Un dormit fängt hei an tau eten. – –
En Mann, dei an den Disch hett seten
Un sine Red' mit an hett hürt,
Dei rückt nu neger nah em 'ranner,
Un süht, wo eine Düw' so nah de anner
In sinen Buk herin spazirt,
Un wo hei tau sin Buddeln sprekt
Un ehr den Hals all fiwen breckt.
De Anner was en richtiges Berliner Kind
Un fröggt: „Oh, um Verjebung! Herr, Sie sind
Doch janz jewiß en Mecklenburjer?"
„So?" seggt uns' Brand, un ward betalen,
„Villicht von wegen Duwenbraden?
Na, ditmal heww'n Sei richtig raden:
Ick bün en rechten Natschonalen."

Twei Geschichten von Junker Korl von Degen

Geschichte Nummero eins

Nicks geiht æwer vörnem Wesen!
Beten Schriwen beten Lesen
Un de Bibel af un an
Lihrt ok woll de Bursmann;
Mit de Höflichkeit, dor weit
Blot de Eddelmann bescheid.

All von lütt up ward dat tagen,
Sick recht höflich tau bedragen.
Dat möt glik französch parliren,
In de Weig' all danzen lihren,
Kratzfaut maken, Rewerenz,
Dat Du kriggst de Swenzelenz!

Was mal eins en Herr von Degen:
As hei Vaders Gaud hadd kregen,
Hett hei sick 'ne Fru ok namen;
Is ok bald en Junker kamen.
Dei kamm, as sei mi vertellt,
Mit en Snürlif up de Welt.

Hei ward nu von allen Kanten
Von Bekannten un Verwandten,
Von de kläuksten Guwernanten
Un von sæben oll Tanten
Adelig heruterputzt
Un taum smucken Junker stutzt.

As uns' Junker nu ward gröter,
All de Höflichkeit verget 'e;
Hei lep vör de Guwernanten
Un för sine sæben Tanten,
Un lep in den Pird'stall 'rin,
Drew sick mit de Stallknechts 'rüm.

Bald würd hei denn ehres Gliken,
Würd sihr nah den Pird'stall rücken,
Un de gned'ge Fru Mama
Säd' taum gned'gen Herrn Papa:
„Setz Dich hier mal zu mir her;
Sag', was meinst Du woll, mon cher,

Wär' es jetzo woll nich Zeit,
Daß er noch mehr Höflichkeit
Lerne, und französch parliren
Und französche Manieren?"
Herr von Degen seggt: „Auf Ehr'!
Du hast immer Recht, ma chère."

Nu würd denn för hogen Lohn
Richtig 'ne französch Persohn
Ut en frömden Land verschrewen,
Un de Bildung stark bedrewen.
Fru von Degen seggt: „Auf Ehr!
Magniperbement! mon cher."

Einmal gaww denn ok von wegen
Festdag unse Herr von Degen
En gefährlich Middageten;
Junker Korl hett ok dor seten,
Un satt dor in gaude Ruh,
Bi em Mamsell Parlewuh.

De Mama fung an tau lawen,
Wat ehr Junker hadd för Gawen

Un wat saubere Manieren,
Un wat hei französch ded' lihren,
Korl satt dor, as in'n Dæs,
Mit 'ne lange, snappig Näs'.

Dit sach Mamsell Parlewuh,
Weckte em ut sine Ruh:
„Monsieur Charles, mouchez – vous!"
„Je! süh! kik! Wat mouchez-vouz?
Sei is ok woll nich recht klauk?
Heww 'ck ok all en Snuwdauk?"

Geschichte Nummero twei

Junker Korl, dei würd nu gröter,
As en groten Kirl all let 'e;
Aewerst dumm was hei man blewen,
Dæmlich was hei æwerdrewen;
Den Papa taum Schawernack
Ded' hei männ'gen dummen Snack.

Un de gned'ge Herr von Degen
Müßt sick ümmer sihr von wegen
Eine Dæmlichkeit schaniren,
Let em nich mihr mit sick führen,
Wenn hei utwarts beden wir:
„Karl, mein Sohn, Du bleibst heut hier."

Bi de gned'ge Fru von Degen
Würd de Mutterschaft sick regen;
Sei æwer ehren armen,
Säuten Körling sick erbarmen,
„Wie die Väter hart doch sind!
Oh, mon cher, nimm mit das Kind."

Korl, dei kreg nu Aewerwater,
Rohrte as en Bröllenkater,

As wenn hei up't Spitt ded' steken;
Ded ok allens Gaud's verspreken:
„Will mi duken, as en Haun,
Will ok nich dat Mul updauhn."

Na, genaug, de Herr von Degen
Hett nich sinen Willen kregen,
Korlen würd en reinen Kragen
Un 'ne reine Bür antagen,
Un dat Hor em 'rutermutzt,
Un de Näs' em sauber putzt.

As nu All'ns in Ordnung schön,
Reis't de Vader mit den Sæhn,
Un Papa, dei säd': „Mein Söhnchen,
Nun schweig' heut auch still recht schönchen,
Gar kein Sterbenswörtchen sprich;
Schweigen, das verräth Dich nich."

Bald sünd sei nu bi dat Eten;
Korl hett mang twei Damen seten,
Recht so'n por lütt drift'ge Dirns,
Recht so'n Häweltaschen wiren s',
Wiren ut 'ne grote Stadt,
Red'ten glik von dit und dat;

Von Theater, Ball un Weder,
Von de Lust in grote Städer.
Fang'n ok an mit Korl tau reden!
Korl denkt: Lat't mi man taufreden!
Antwurt't d'rup nich swart noch witt,
Vader nimmt em süs nich mit.

As de beiden lütten Damen
Gor kein Wurt von em vernamen,
Deiht de ein sick 'rümmer bücken
Achter Korlen sinen Rüggen:

„Nein, Sophie, der Mensch ist stumm,
Oder er ist schrecklich dumm."

Dat's man schön, denkt Korl von Degen,
Dat sei't endlich 'ruter kregen.
„Ne, Papa," röppt hei ganz lud',
„Mit dat Swigen is dat ut;
Denn dat Frölen rechtsch hir weit
Ganz genau von mi Bescheid."

Dat Hunn'nverbott

So in de nägentige Johren,
As de Franzosen Kihrut danzten
Un All'ns, wat Adel was un Hochgeboren,
Ut ehren Lann'n herut kuranzten,
Dunn treckte sick de wegjagt' Raß'
So meistendeils nah Dütschland 'rinner
Un kamm tau uns mit Fru un Kinner
Un mit Bedeinter, Hans un Klas,
Bortkratzer, P'rükenmaker, Snider,
Danzmeister, Kammerdeiners un so wider,
Un födderten un kummandirten,
As wir'n sei in den irsten besten Kraug
Un makten Larm un resonnirten,
Un nicks was för ehr gaud' genaug,
Sei drögen ehre Näs' in Enn'n
As wenn sei wat Besonders wir'n;
Un dorbi kunn kein Fru un keine Dirn
Mit Ihren kamen ut ehrr Hänn'n.
Un wenn denn Einer mal sin Husrecht brukt,
Na, hürt! wat gaww dat för'n Spektakel!
Un ümmer heww'n sei fri herümmer slukt:
Kortüm! Dat was en ganz entsamtes Takel. –
Na, dat hett denn so lang' nich wohrt
Dunn is en Frugensminsch von dese Ort
Tau uns ok nah Swerin henkamen
Un Mongmorangzi heit s' mit Namen,
Un wesen wull s' 'ne Herzogin,
Denn unner dem wull Keiner von ehr sin.
Un't was en oll gefährlich Dirt,
So dick un fett un dorbi lütt,
Un einen wohren Fladen wir't,

Un was so gel schir as 'ne Quitt,
Un snacken ded' s' in einen Athen. –
Na, ick was dormals noch bi de Soldaten
Un stunn bi't irste Regiment,
Un ick un Herzog Friedrich Franz, –
Denn dunnmals würd hei man noch Herzog nennt, –
Wi heww'n Beid' un gaud' naug kennt;
Ick säd': Herr Herzog, hei säd': Hans. –
Na, as ick mal eins up den Posten stünn,
Wo't nah den Sloßgorn geiht herin,
Dunn kamm de Herzog antaugahn,
Un as hei mi dor sach, dunn blew hei stahn
Un säd' tau mi: „Gu'n Morgen, Hans.
Hir heww'n de Hunn'n woll ehren Danz,
Wo kam'n de Köters hir herin?"
„Herr Herzog, ne! dat ick nich wüßt,
So lang', as ick hir stah. Dat müßt
Denn vör min Tid hir scheihen sin." –
„Na, dauh mi den Gefallen, Hans,
Un paß mi up den Hunnendanz
Un lat mi keine Köters 'rin;
Denn de verdammten Dire bören
Bi jede Blaum den Bein tau Höcht,
Un wenn dat ok woll wedder drögt,
So kann man den Geruch doch spören.
Sei rüken lang' denn nich so schön;
Drüm paß mi düchtig up, min Sæhn!" –
Na, hei güng weg, un ick blew stahn.
Un durt nich lang', wer kamm dor antaugahn?
Min gaud' französche Herzogin,
Dei wull ok nah den Goren 'rin;
Un up den Arm, dor hadd s' en fetten Mops,
Un güng so æwernäs't, as ob s'
De ganze Welt künn kummandiren.
„Holt!" segg ick, „holt! Sei kann hir nich passiren."
Wo Dunner, wo versirt sei sick,
Kamm heil un deil ut Rick un Schick,

Fung an tau schell'n, un tau paliren
Un an tau handslahn un hantiren
„Mais je suis la Duchesse de Montmorency;
Monsieur le Duc me l'a permis."
Na, dunn verstunn ick't noch nich recht:
Nu, kreg' ick dat all ihre t'recht,
Denn ick bün nahsten as Schersant
Herinner west in't franzsche Land –
De olle Restörp was min Leutenant;
Tau Bützow sach 'ck em niedlich wedder. –
Doch't Frugensminsch lep ümmer up un nedder
Un ümmer red't s' von 'Mongmorangzi',
Un ümmer snackt s' von 'dick Permi'.
„Ih wat!" säd' ick, „dat S' gel as 'ne Pomm'ranz is,
Dat seih ick woll! Sei kümmt hir nich vörbi,
Sei sülwst un ok Ehr dick Permi!"

′Ne Aewerraschung

As ick noch Probenrider was –
Vertellt mi mal oll Kopmann Saß –
Dunn reis't ick mal dörch Meckelborg
Un kamm denn ok nah Wittenborg.
Ick steg in'n irsten Gasthof af.
Kum was ick von de Wagen 'raf,
Dunn säd de Wirth: „Je, dat is doch fital!
Ick kann Sei hüt kein anner Timmer gewen,
As de lütt Stuw rechtsch an den Saal,
Un dor gew ick hüt Abend eben
En groten Hun'ratschonen-Ball:
Na, mæglich weiten Sei dat all
Un verlustir'n sick ok en beten?"
„Min Danzen," segg ick, „heww 'ck vergeten,
Un ick bün niderträchtig mäud',
Doch wenn s' nich alltaudull utslagen,
Denn müggt ick't mit de Stuw woll wagen."
Un somit gungen wi denn Beid'
Ok unnen nah de Gaststuw 'rin,
Wo ick mi denn vernüchtern ded',
Un endlich würd mi so tau Sinn,
Dat ick de Trepp herupper steg
Un in min Stuw tau Bedd mi lädd'
Un vör min Bedd de P'rück, dei ick all dormals drög.
De Hun'ratschonen wiren all tausamen;
De Saal was vull von Herrn un Damen;
De Ball, dei was in vullen Gang'n.
Ick künn tau keinen Slap gelang'n
Un ded' in't Bedd herümmer rang'n.
Ick wölterte un wäult mi 'rümmer,
Un wenn ick dacht, nu slöppst du in,

Denn weckte mi de Trumpet ümmer;
Denn de oll Wand, dei was man so dünn,
Un von min Lager Wand an Wand,
Dor stunn so'n Bengel von Mus'kant,
Dei blos de Trumpet niderträchtig slicht
Un denn so lud', as güng't tau't jüngst Gericht.
„Ne," segg ick, „dit's vörbi, ne, dit's
Doch rein tau dull, dit holl de Düwel ut!"
Un spring' ut minen Bedd herut
Un ward'gewohr, dat an de Dörenritz,
Wo't nah den Saal herinner geiht,
Dat Licht hendörcher schinen deiht. –
De Dör, dat was 'ne Flægeldör,
Un 'n groten Disch, dei stunn dorvör. –
„Wenn du so nah den Disch 'rup stegst
Un dörch de Ritz en beten segst,"
Segg ick tau mi in minen Sinn,
„Dat müßt doch recht plesirlich sin."
Geseggt, gedahn! Bald stah ick dor
Un æweseih den Saal fast ganz un gor
Un alltausamen, dei dor wesen,
Un wo sei dor herümmer schesen.
Ick stah un kik, wo dit sick möt regieren,
Doch endlich ward de Puckel mi doch friren,
So as ick up den Disch dor stunn,
Obschonst dat was bi Sommerdag.
Ick steg nu von den Disch herun
Un treck den swarten Kledrock an,
Den'n ick des Sommers ümmer drag',
Un dormit steg ick denn up't Frisch
Herupper wedder up den Disch.
Ick stah un stah, un stah de Bein
Mi denn binah in't Lif herin.
„Ih," segg ick, „wat en Nar ick bün!
Wenn ick hir länger will wat seihn,
Denn kann 'ck mi dat bequemer maken."
Un as ick dat tau mi heww spraken,

Dunn lang' ick mi en Staul herup
Un sett mi dor denn baben up.
Hir sitt ick denn nu wunderschön!
Doch üm bequemer noch tau rauhn.
Weit ick nicks Beteres tau dauhn,
As dat ick an de Dör mi lehn.
Dor satt denn woll kein Riegel vör,
Un't olle Slott müggt ok nich recht mihr hacken:
Mit einmal fängt dat an tau knacken,
Sparangelwid flüggt up de Dör,
Un ick, so wohr ick ihrlich bün,
Fall in 'ne Kegelkadrilg' herin.
Nu fang'n s' denn all gefährlich an tau schrigen
Un de Musik swiggt bomenstill;
Un as ick sacht mi wedder drücken will.
Dunn ward mi Einer bi't Slafitken krigen. –
„Swinegel," säd' 'e, „schämst Di nich?
So in den Saal herin tau kamen,
In so en Uptog vör de Damen?"
„Herr Gott!" dacht ick in'n irsten Ogenblick,
„Herr Gott, hei meint gewiß din P'rück,"
Un fat nu æwer'n Kopp de Hänn'n tausamen;
Doch as ick unnen mi besach,
Dunn denk ick doch, ick krig' den Slag!
Ick dukt mi also fixing dal
Un set't mi in de Huk nu in den Saal;
Herr Je, wat gaww't nu för en Larm,
Un ick satt dor, dat Gott erbarm!
Doch endlich ded' 'ck en Hart mi faten,
Ick also up! un kort entslaten,
Wull ick nah mine Stuw herin,
Doch de oll Disch in'n Weg mi stünn.
Na, baben æwer künn 'ck nich kamen,
Ick dreiht mi also nah de Damen üm,
Makt ehr en deipen Diner vör:
„Verzeihn Sie," säd' ick, „meine Damen,"
Un kröp nu zirlich unnen dör.

De Entschuldigung

Eins kamm ick in Gesellschaft mal tausamen
Mit einen idel narschen Vagel:
„Oh-ne-witz" näumt hei sick mit Vadersnamen
Un mit Vörnam heit hei „Pe-Pe-Pagel."
As dei in Jena hett studiren lihrt,
Is hei denn mal nah Rudelstadt henführt,
Un wil em Keiner dor ded' kennen,
Let hei Graf Ohnewitz sick nennen
Un würd bi Hof dor Gastrull'n gewen,
Un hett dor Düwelssätz bedrewen.
Na, dei oll Jung', dei hett en beten Geld
Un stamert sick so dörch de Welt,
Is hei ok grad' nich mihr en Gör,
Föllt em de Sprak doch schrecklich swer. –
Na, as wi nu so in Gesellschaft wir'n,
Dunn würd hei sick mit Kammerherr von Pletten
Un Hæwken tau en Spill hensetten;
Denn spelen müggt hei gor tau girn.
En lütt Partieken Lommer spelten sei.
Un as denn mal eins paßt de annern Twei,
Dunn seggt uns' Pagel, as de drüdden Mann,
En lütten Te-Te-Tonki an.
Na, as hei nu de Korten nimmt,
Un as de Taukop gor nich stimmt,
Dunn röppt hei: „ Wo de Aes' doch Luren!
Nich einen von de Matáduren!"
Na, Brauder Hæwk, dei stött em an
Un ward em up de Beinen pedden,
Dat hei den Kammerherrn von Pletten
Doch slichtweg 'Aas' nich nennen kann.
„Du-Du," seggt Pagel, „bliw för Di!

Wat se-se-sall dat oll Gepedd;
Sei me-me-mein – ick nich, He-Herr von Plett,
Ick mein man Hæwken blot un mi."

Dat ännert de Sak

„Jehann, min Sæhn," seggt Vader Brümmer,
„Mi minen Bein ward't däglich slimmer,
Ick ward' all olt un ward' all swack;
Un Mudder, dei ward ok all spack;
Du sallst de Hauw nu negstens krigen,
Un denn, min Sæhn, denn sallst Du krigen." –
„Ne, dormit lat Hei mi tau Weg." –
„Min Sæhn! Allein herüm tau nussen,
Dat glöw mi tau, süh, dat hett keinen Däg'.
Du büst so schön all ut den Dreck 'rut wussen,
Du kriggst den Hof un kriggst de Hauw
Mit Inventorjum, Veih un Allen:
Mak Du man irst dorvon de Prauw,
Dat Frigen sall Di woll gefallen." –
„Ne, Vader, ne! Dor helpt kein Reden;
Mit Frigen lat Hei mi taufreden." –
„Jehann, min Sæhn," seggt nu de Ollsch,
„Süh, wer nich frigt, dei bliwwt perdollsch.
Glöw Vadern tau, dei weit Bescheid;
Du glöwst nich, wat dat Frigen deiht!
Dat's grad', as wenn w' dat rugste Fahlen
Von buten nah den Stall 'rin halen:
Irst is dat wild un sihr unbännig,
Un nahsten ward dat ganz verstännig;
Mit Tom un Sadel ward't regirt,
Dörch Strigeln, Straken ward't en Pird.
Un twor, je ruger 't Fahlen is,
Je glatter ward dat Pird gewiß,
Dörch Strigeln ward dat Fahlen zirlich,
Dörch Frigen ward de Minsch manirlich." –
„Ne, Mudder, 't is mi tau scharnirlich." –

„Du Dummerjahn!" seggt Vader Brümmer,
„Wat red'st Du von scharnirlich ümmer!
Meinst, dat dat Frigen Di wat deiht?
Wat is dat för 'ne Ötigkeit!
So'n Zagheit is doch fürchterlich.
So wat an minen Jungen tau erlewen!
So'n groten Lümmel trugt sick nich,
'Ne smucke Dirn en Kuß tau gewen!
Dor sall en Dunnerwetter 'rinnerslahn;
Heww ick doch frigt, Du Dummerjahn;
Min Vader gaww mi blot en Wink,
Hei brukt nich up mi in tau schrigen." –
„Ja, Vader, dat was ok en anner Ding,
Hei ded' jo ok uns' Moder frigen."

De Gedankensün´n

En Bur, dei slep in gaude Rauh
Un drömt sick wat un snorkt dotau,
Un bi em lagg sin Jung' un Fru.
Doch endlich kamm hei an en Knast,
Dunn fohrt hei up un rep in Hast:
„Wat Dunner! Mudder, slöppst denn Du?
Du Mudder, Mudder! hür mi an.
Wi hett wat drömt, wenn dat wir wohr!" –
„So mak doch keinen Larm, Jehann!
Du weckst den Jung'n mi up noch gor." –
„Mi drömte, unsen Schulten sin
Tweijöhrig Ffahlen, dat wir min." –
„Na, Vader, hür! Wenn't uns ded' hüren,
Denn wull w' ok glik tau Mark mit führen."
„Ne," rep de Jung', un rappelt sick tau Höcht,
Denn hei hadd hürt, wat Vader seggt,
„Ne, Vader, ne! dat kann 'ck nich liden,
Ick will up't Fahlen ümmer riden."
„Jung'," säd' de Oll, „entsamte Lümmel!
Willst Du rung'niren glik den Schimmel,
Willst Du dat Krüz intwei em riden?"
Halt sick en swanken Stock von Widen,
Ward wild, ward dull
Un sleiht den Jung'n dat Ledder vull.

Mudder hett ümmer recht

As Anno acht un virtig Jedermann
So'n beten ut en Hüschen kamen was,
Dunn was ok unsen Eddelmann
Di de Geschicht nicht recht tau paß:
Hei smet sick æwer Kopp verlangst
Ganz in de Poletik herin,
Un kreg dat glik mit so 'ne Angst,
As wenn em dat an't Lewen güng,
As wenn wi em all köppen wullen;
Un dorbi satt hei stif vull schullen.
An, as hei glöwen ded', de Sak, dei güng verdwas,
Un as em 'n beten huddlig was,
Dunn schickt hei uns en grotes Schriwen;
Wi süll'n sin trugen Buren bliwen,
Mit em in eine Karw 'rin hau'n;
Hei wull uns ok, wer weit wat, dauhn;
Un süll'n un nich uphitzen laten,
Vör Allen nich von Juden un Avkaten;
Dei hadden all so Vel verführt,
Sei wiren nich dat Pulver wirth.
De Breif was an min'n Nahwer Brümmer –
So heit dormals de Schult mit Namen –
De Schult schickt nu den Knüppel 'rümmer
Un lett dat Dörp tausamen kamen.
Na, ick güng hen. Tausamen was all de Klunker
Von all de Bur'n. Doch Gott erbarm!
Wat hadden s' för en Düwelslarm:
„Wat will de Kirl, wat will de Junker?
Wat? Hei will lang' uns noch befehlen?
Dat Stück, dat sall nich länger spelen!
De Ridderschaft, dei möt dat liden!

Wi hewwen nu ganz ann're Tiden.
Wat? Hei will uns noch kascheliren,
Un is doch sülwst so'n groten Snurrer?
För all sin schönen glatten Würden
Gew ick nich desen Pipenpurrer!"
Un so gung't ümmer düller furt;
Kein Minsch verstunn sin eigen Wurt. –
Na, as sei nu so 'rümmer streden
Un up den Eddelmann so 'rümmer reden
Un doch nich kemen tau en richt'gen Zweck,
Dunn kröp uns' Schultenmudder ut de Eck
Bi'n warmen Aben 'rut un säd':
„Nu, holl't dat Mul, wenn ick hir red'!
Dat is nu so, so as dat is.
Dat Ein is æwer ganz gewiß:
Hei seggt, Ji sælen Jug von Juden un Avkaten
Nich in de Fingern krigen laten;
Un dat möt ick verstännig heiten;
Un dorin hett hei säker recht:
Dat möt hei sülwst am besten Weiten,
Dei heww'n em Schullen bröcht."

Dat Ogenverblennen

„Wo, Jochen, wo kümmst Du denn her?" –
„As ick? Ick was tau Stadt herin." –
„Wat? Haddst Du wat Besonners vör?" –
„Dat eben nich. Denn süh, ick bün
Man blot einmal herinnerreden,
Üm mi mal eins tau verlustiren,
Denn mine Nahwerslüd', dei säden,
Dat dor jetzt Kunstmakers wiren."
„Wo, so? Wat maken dei för Kunst?" –
„Je, wat weit ick? Is't blagen Dunst,
Is't Fixigkeit in ehre Hänn'n?" –
„Na, segg doch mal, wat makten s' denn?
Dat was woll blot man Ogen tau verblenn'n?" –
„Je hür mal, Brauder Krischan, wenn
Ick Di dat all so süll vertellen,
Du würd'st för'n Dummerjahn mi schellen.
Gefährlich was't, dat's wohr! Gefährlich was't,
Wat sei dor Allens maken deden.
Ick heww ehr eklichup de Fingern paßt,
Doch kunn ick nicks nich an ehr spören.
Des Middags reden s' dörch de Strat,
Un makten einen groten Prat,
Wat sei des Abends wullen maken!
In'n Haut, dor wull'n sei Eierkauken backen,
Band spuken wull'n sei, Füer freten;
Sei wull'n dei Köpp sick 'runner sniden laten
Un sei sick wedder ankuriren
Un denn dormit herümspaziren.
Sei wullen, ahn em antaufaten,
Den Aben pietschen ut de Dör,
Un wull'n den Düwel danzen laten.

Un wenn dit All gescheihn, nahher,
Denn wull'n sei wisen uns en Jung'n
Von einen Hahn un ein Karninken. –
Na, as dat Stück denn nu anfung'n,
Dunn ward' ick denn mit Hanne Wienken
Ok richtig nah den Kram herinner dæsen.
Gotts Dunner! Ne! Wat was dat dor för'n Wesen!
De eine Kirl, dei makt denn so'ne Stücker!
En Husdörnslætel un en Stuwendrücker,
Dei putzt hei weg, wir't 'ne gele Wörtel." –
„Ih, Jochen, 't is jo doch am En'n
Nicks wider, as blot Ogenblenn'n." –
„Du ward'st dat hüren. Lat man sin!
In sinen Haut, as in 'ne Schöttel,
Slog hei 'ne Mandel Eier 'rin.
Makt Füer unnen an geswin'n
Un backt dorin, as ick all seggt,
En schönen Eierkauken t'recht.
Dunn rep hei mi. „Min Söhnchen," säd 'e,
„Kumm doch einmal en bitschen neger 'ran,
Un setz Dir an den Tisch heran.
Wir will'n heut Abend doch mal Beede
Tausamen Eierkauken essen.
Sag', magst Du ok woll Eierkauken?" –
„Verdeuwelt girn eten dauh 'ck en,"
Säd' ick, un hei halt unnerdessen
En Metzer un 'ne Gabel 'ran,
Un nu güng denn dat Eten an.
Grad' as min Ollsch mit minen lütten Braudern,
So fung hei an mit tau faudern.
Hei höll mi vör dat Mul en Happen,
Un wenn ick denn dornah wull snabben,
Wupp! was de Happen weg mitsammt de Gabel,
Un ick kreg' mit den Stel eins up den Snabel.
„Hei Racker," säd' ick, „lat Hei dat!
Lat Hei Sin Streich, süs giwwt dat wat!"
Doch wupp! satt mi up sin Gebott

An minen Mul en grotes Slott,
Un as 'ck mi nu dat nich will beiden laten,
Dunn kriggt min Hand 'ne Pogg tau faten.
„Wat?" segg ick, „makst mi so'n Spuz?"
Un nem dat olle Ding un smit't
Nah sinen Kopp; un wat geschüht?
De Pogg, dei würd en Rosenstruz;
Un rechtsch un linksch heww ick an minen Bregen
'Ne rechte dücht'ge Tachtel kregen,
Un't würd ok gor nich länger duren,
Dunn stülpte wat, so wohr ick ihrlich bün,
Den Eierkaukenhaut mi æw're Uhren,
De Häfte Kauken satt noch d'rin,
Ded' Hor un Ogen mi verklistern, –
Un ick satt wunderschön in'n Düstern.
„Dit's nett," säd' ick, „dit nenn
Ick wunderschön, dat is tau laben:
Irst maken s' Einen dun un denn,
Denn stöten s' Einen in den Graben."
Nu füngen s' All denn an tau lachen,
Un't würd' en schreckliches Gehæg,
Dat ick mi müßt so afmarachen,
Bet ick denn Haut herunner kreg." –
„Je, Jochen, 't is doch ganz gewiß,
Dat dat man Ogenblennen is!
Blot Ogenblennen! sicherlich!" –
„Doch so'ne Ort von Ogenblenn'n,
Dei möt ick utverschamten nenn'n.
Ne, Krischan, so wat paßt sick nich,
Ne, Krischan, so en Ogenblenn'n,
Von dat mi noch de Backen brenn'n,
Ne, Krischan, ne! dat mag ick nich." –
„N, Jochen, wenn 'ck Di recht verstahn,
Denn was't doch hirmit noch nich all,
Denn kamm jo noch en annern Fall
Von en Karninken un en Hahn."
„Dat kamm tauletzt, as Allens was tau En'n:

Dat æwerst was kein Ogenblenn'n!
Hei wull un einen Jungen wisen
Von en Karninken un en Hahn.
Ick dacht, de Sak süll los nu gahn.
Je, Prost 'e Mahlzeit! Wünsche woll tau spisen!
De Sak kamm anners, as ick dacht:
De Düwelskirl kamm 'rut un lacht
So heimlich vör sick hen, so in sick 'rin,
As hadd hei recht wat in den Sinn.
„Geehrte Herrn un Damsen," säd 'e,
„Ich gab heut Middag mir die Ehre,
Ein schönes Stück Sie zu verpreschen,
Jetzt muß mein Wort ich leider brechen:
Das Junge von Karninken un von Hahn
Is leider mich mit Dod' afgahn;
Doch sollen Sie zu kort nich schießen,
Ich will Sie gleich was Anners wisen.
Ich will dafür die beiden Öllern zeigen,
Die soll'n Sie gleich zu sehen kreigen."
Un dormit wis't hei mi un Hanne Wienken
En schönen Hahn un en Karninken!
En wittes lewiges Karninken!
Un einen bunten schönen Hahn!
Kann dat woll tau mit rechten Dingen gahn?"
„Blot Ogenblenn'n, Brauder Jochen!" –
„Wo is dat mæglich! Heww ick denn kein Ogen?
Ick ward doch en Karninken kenn'n!"
„Dat schad't nich! Is doch Ogen tau verblenn'n!"

Wat ded'st Du, wenn Du König wirst?

Twei Jungens, unsen Schulten sin
Un Krischan Block, dei dunn bi'n Preister deint,
Dei hödden eins de Faselswin.
Sei hödden jeder irst allein,
Doch durt't nich lang', dunn wiren s' beid'
Mit ehre Haud tausamen up de Scheid',
Un dunn, as so'ne Jungs nu sünd,
Dunn leten s't Veih taum Düwel lopen,
Un kröpen gegen Regen, gegen Wind
Beid' achter'n Durnbusch ganz dicht tauhopen.
Na gaud! Un hir verkröpen s' sick en beten.
Denn regen ded't in vullen Gæten.
„Hür, Krischan," seggt nu Schulten-Lute,
„Ick krig' mi nu min Pip herute." –
„Ick ok!" seggt Krischan, „so'ne Pip Toback,
Dat is doch glik en annern Snack,
As dat verdammte Swingehäud'
För de por Gröschen, de Ein kriggt."
Na, dat was gaud! Sei steken beid'
'Ne Pip Toback sick in't Gesicht. –
Toback tau roken, is för so'ne Bengels
En grot Plesir, dat is gewiß,
Un wenn dat ok man Tüstenstengels,
Un wenn dat ok man Feldkæm is. –
Sei roken nu woll, will un bet,
Un wiren beid' recht in ehr Fett
Un freu'ten sick, dat sei noch gor nich natt,
Vertellten sick von dit un dat:
Wo oft sei in de Appeln stegen,
Wat sei des Middags hadden eten,
Wat sei des Dags an Taubrod kregen,

Wat ehren Herrn för Schäw sei reten;
Wat Jochen säd', un wat säd' Fiken,
Un wat sei sülwst dunn seggt, un wat säd' Dürt,
Un wat sei hir un dor bi ehres Gliken
In'n ganzen Dörpen hadden hürt;
Un dat de Schult den Knecht hadd slagen,
Un dat de Knecht den Schulten wull verklagen;
Sei wullen sick gewiß nich slagen laten,
Sei brukten dat tau liden nich von Keinen,
Sei wullen för kein Släg' nich deinen,
Ne! leiwerst würden sei Soldaten.
Un von Soldaten kemen s' up den König.
„Je, hür," seggt Lute, „so en König,
So'n König, Krischan, is nich wenig,
So'n König, dei schrecklich rik,
Un Allens möt gescheihen glik,
So as hei man de Hand ümkihrt.
So'n König is en grotes Dirt!
So'n König".... „Na," seggt Krischan, „segg mal irst,
Wat ded'st Du, wenn Du König wirst?"
„As ick? Ick? Wat ick ded'?" seggt Lute
Un treckt drei Paff ut sine Pip herute
Un kek so stolz ümher, as set de Kron
Up sinen Flaßkopp all, un hei up sinen Thron.
„Dat will 'ck Di seggen. Wenn ick König wir,
Ick hödd mi Swin man blot tau Pird." –
„Ne, so 'ne Dummheit heww 'ck meindag' nich hürt,
Wer Di för klauk köfft, dei ward angeführt,"
Seggt Krischan Block. „Dat nimmt mi Wunner!
Ne, ick! Wenn ick so König wir,
Denn rokt ick keinen Toback mihr,
Denn rokt ick nicks as luter Tunner!"
„Du büst woll ok nich klauk!" seggt Lute....
Dunn kamm uns' Schultenvader acher'n Durnbusch 'rute,
In sine Hand en Schacht en rechten löhnigen:
„Täuw, Rackertüg! täuw, ick wull Jug bekönigen!
Will'n Ji woll dauhn, wat Jug is heiten?!

Kikt dor mal hen! De Swin sünd in den Weiten!
Ji Rackertüg! Ji rokt mi all Toback?!"
Un ob sei noch so knendlich beden,
Raps! raps! tellt Schultenvader jeden
En richtig Dutzend in de Jack.
„Ji Snæsels! Ji willt König sin
Un lat't de Swin in'n Weiten 'rin?"

Dat Tähnuttrecken

Oll Pæsel hadd mal Tähnweihdag':
Un as tau dull em würd' de Plag'
Un heit't nich mihr uthollen künn,
Dunn führt hei nah de Stadt herin
Un geiht nah'n Dokter Metzen hen,
Dei süll de Tähn em 'ruter breken;
Oll Dokter Metz was nich tau spreken;
Hei was verreis't, un wenn hei wedder kamen ded',
Müßt ok sin Burß nich, as hei säd'.
„Je, Sæhn," seggt Pæsel, „dit is doch gefährlich,
De Tähnweihdag', dei sünd doch tau beswerlich,
Künnst Du den Tähn woll 'ruter teihn?" –
„Ja," seggt de Burß, „dat kann geschein."
Je, hest Du't ok woll all probirt?" –
„Ja, an de Schapsköpp heww ick't lihrt."
„Na, denn man tau, denn will ick't wagen,
Ick kann't ok länger nich verdragen."
„Wo deiht Em denn dat weih? Is't baben oder unnen?"
Un as den kranken Tähn hei funnen,
So seggt de Dokterburß tau unsen Bur'n:
„So, nu is't gaud, nu holl Hei stif de Uhr'n."
Un nimmt oll Pæseln nu un lett en
Sick up de platte Ird' hensetten,
Nimmt Pæseln sinen Kopp mang sine Bein
Un schickt sick an, den Tähn herut tau teihn.
Hei treckt un treckt, hei breckt un breckt
Un endlich höllt hei still un spreckt:
„Dit weit ick nich, wo't mæglich is!
De Tähn, dei sitt gefährlich wiß."
Un leggt den Slætel up den Disch.
Doch fängt hei wedder an up't Frisch,

Un fängt mi em an 'rüm tau torr'n
In alle Ecken von dat Timmer;
As wir de Oll en Bessen word'n,
So fegte hei mit em herümmer.
Oll Pæsel, dei höll wacker ut,
Un endlich kamm de Tähn herut.
De Bur, dei langt nu in de Tasch
Un giwwt en Gullen vör den Spaß.
As Dokter Metz tau Hus is kamen,
Giwwt em de Jung'den Gullen hen:
„Herr, desen Gullen heww 'ck innamen."
„Wat?" fröggt oll Metz, „woför? Von wen?"
„Von Pæseln, Herr, för't Tähnutteihn."
„Süh, kik!" seggt Metz. „Nu seih'mal Ein!
Dat is mi nie passirt in minen Lewen:
Dei Ort pleggt man twei Gröschen süs tau gewen.
Denn ded'st Din Sak woll prächtig maken?
Kumm her! Ick möt Di æwerstraken. –
Fahr so nur fort, mein leber Sohn,
Denn wirst der Stolz der Profeschon!" – –
Na gaud! Dat ward so lang' nich duren,
Dunn hett dat unsen ollen Buren
Gefährlich wedder in de Tähn reten;
Hei kunn nich slapen, kunn nich eten,
Un müßte also wedder 'ran
Un nah den Dokter Metzen gahn.
Dei kriggt em denn nu glik tau hollen,
Bekickt de Tähn un finn't den hollen,
Leggt sinen Slætel an, fött wisser,
Giwwt em en Ruck, un 'ruter is 'e!
Uns' Pæsel denkt, dat geiht irst los,
Un dit is man de Anfang blos!
Dit gung em doch binah tau rasch.
Hei hölt twei Gröschen ut de Tasch
Un leggt sei vör den Dokter hen.
„Wo?" seggt oll Metz, „dit is jo grad', as wenn
Ick nich verstünn en Tähn herut tau teihn.

Den Burßen giwwst Du einen Gullen,
Un mi, den Meister, büttst Du ein
Oll dæmliches Tweigröschenstück?
Ih, Pæsel, wat sünd dat för Schrullen!"
„Ne, dat hett Allens sinen Schick,"
Seggt Pæsel, „dit gung mi tau swin'n;
Doch bi den Burßsen! – Ne, dat lat man sin!
Ne, Brauder Metz, för wat is wat. –
Wat hett Dei nich för Arbeit hatt!"

De Hasenuhren

Oll Bur Pæsel lagg all lange Tid
Mit sinen Preister in den Strid.
De Preister säd': Oll Pæsel wir verpflicht't,
Bi Hochtid un bi Kindelbiren
Em in de Parr herümtauführen;
Hei wull't beswören vör Gericht,
Dat wir 'ne olle Obserwanz.
Uns' Pæsel säd: Hei wir kein Narr;
De Pap wir scheif gewickelt ganz:
Wenn hei dat früher dahn ok hadd,
Nu künn de Pap taum Düwel gahn!
Hei hadd all red't mit en Avkaten:
De Pap künn sick wat fläuten laten!
So kamm't nu tau en nüdlich Prinzeß.
Bet utgemakte Sak indeß
Müßt Pæsel noch den Preister führen;
De Amtmann wull non nicks nich hüren
Un wull em kamen up dat Ledder,
Wenn hei sick länger läd' dorwedder.
Un wenn de Preister säd': „Spann' an!"
Denn müßt ok uns' oll Pæsel 'ran.
Dti würd em eklich nu krepiren.
„Täuw!" säd' hei. „Täuw, ick will Di führen!
Ick sall Di führen, un ick will!" –
As hei nu wedder führen süll,
Duunn führt hei ümmer Schritt för Schritt,
As führte hei en Likenwagen,
Uun as den Preister de Geduld nu ritt,
Un hei em seggt: „hei süll doch jagen,
Dunn täuwt hei bet tau'n gaudes Flag,
Wo Stein bi Stein den Weg lang lagg,

Un fängt hir lustig an tau draben. –
Obschonst hei hadd en schön Gewicht,
De Preister ümmer fauthoch flüggt,
Un endlich liggt hei in den Graben.
As nu de Wagen wedder richt't,
Seggt Pæsel: „Wat's de Weg doch slicht!
Un nu kümmt irst en rechten legen:
Wi möten woll heruterbögen."
Un dormit führt de olle Racker
'Rup nah den frisch gehakten Acker,
Un führt hir ümmer hen un her,
Bald rechtsch, bald linksch, de Krüz un Quer.
„Herr Paster," seggt hei, „'t will all düstern;
Wenn wi hir man nich gor verbistern."
Un endlich is hei nich tau ful,
Un smitt em in 'ne Mergelkul,
Dat kort un klein de Preisterwagen.
„Dat kümmt nu," seggt hei, „Herr, von't Jagen,
Hadd'n wi en sachten Schritt hir führt,
Denn hadd uns dat nich so mallürt." –
De Preister löppt nu wedder tau Gericht,
Vertellt den Amtmann de Geschicht,
Un kümmt taurügg in't Dörp un seggt
Tau weck von sine annern Buren:
De Amtmann säd', hei wir in Recht,
Un't süll nu ok so lang' nich duren,
Denn süll oll Pæsel seihn, wo em dat süll bekamen,
Denn morgen würd in dese Saken
Doch endlich mal dat Urthel spraken.
As uns' oll Pæsel dat vernamen,
Seggt hei tau sine Fru: „Mak mi dat t'recht,
Von dat ick Di all gistern seggt."
Nimmt sinen Mantel üm, makt sick parat
Un geiht taum Amtmann in de Stadt. –
As hei em will de Sak vertellen,
Dunn fängt de Amtmann an tau schellen
Un makt en gruglich Randal

Un ritt em niderträchtig dal.
Oll Pæsel seggt kein Wurt, nimmt blot ganz sachten
Sin Mantelslipp en beten höger,
As wull hei sick dor wat betrachten.
As dit de Amtmann sach, dunn sweg 'e,
Un endlich säd' 'e: „Na, ich dächt,
Wir ließen jetzt die Sache ruhn.
Dabei ist weiter nichts zu thun,
Denn in der Haupsach' hat Er Recht:
Er hat das Fahren gar nicht nöthig,
Und wenn Er's wünscht, so bin ich gleich erbötig,
Ihm d'rüber eine Schrift zu geben."
„Herr Amtmann , ja; dat wull ick eben.
Wenn ick so'n Schriwen heww, bün ick doch sicher,
Un Sei is't mæglich ok in Vurthel."
De Amtmann schriwwt un seggt: „Hier ist die Urthel –
Den Hasen bring' er in die Küche."
„Wat denn för'n Has'? Verstah ick recht?
Heww'n Sei nich von en Hasen seggt?" –
„Was Er für Winkelzüge macht!
Er hat ja einen mitgebracht." –
„Ih wat, Herr Amtmann! Ick en Hasen?
Sei will'n woll 'n beten mit mi spaßen?" –
„Nein, Er will spaßen, wie's mir scheint.
Dort unter seinem Rockelor,
Da kucken ja die Ohren vor.
Nur 'raus damit, mein alter Freund!"
De Bur, dei bört de Slipp tau Höcht
Un steiht, as wenn de Slag em rögt,
Un seggt, as hei de Uhren süht;
„Wo Düwel, ne! Wat heit denn dat?
Dat wiet denn doch de Kukuk, wat
Mit olle Lüd' doch all geschüht;
Na, dit verstah, wer dit versteiht!
Dor hett mi doch dat Görenpack
Taum bloten, puren Schawernack
De Uhren an den Mantel neiht!"

De russ´schen Rubeln

De Fuhrmann Matz, dei was mal einen Juden
Fiw Daler sößteihn Gröschen schüllig
Un was ok tau betalen willig;
Doch ob em dat tau lang' würd duren
Un ob hei glöwt, dat hei nicks kreg,
De Jud', dei lep nah 't Rathus 'rup,
Wo hei denn sine Klag vördrög,
Un Matz, dei süll betalen nu de ganze Supp
Mit Hütt un Mütt un all de Kosten,
Dat was denn nu en schönen Posten,
Un argern ded' 't em ganz gefährlich:
Denn dat süll gliksten afmakt sin.
Geld tau verdeinen, was beswerlich,
Un in sin Taschen was nicks in.
Dat was dunnmals de slimme Tid,
As Krig was üm uns sid un wid
Un as as Frünn'n de Russen kemen
Un Allen, wat wi hadden, nemen
Un rottenkal un arm uns freten
Un stats Betalung Lüs' uns leten.
As Matz nu von dat Rathhus güng tau Hus,
Dunn knep un bet em ok 'ne Lus;
Em jækt dat Fell, hei kratzt un seggt:
„Täuw, Du oll Sliker, Moses Schmuhl,
Ick strak Di doch noch æwer 't Mul."
Un as hei dor noch æwer grüweln deiht, dunn dröppt
Sick dat, dat buten Einer fröggt:
„Kamrad, is dies die Fuhrmann Matzen Haus?"
„Ja," seggt de Anner, un de irst, dei röppt:
„Du, Fuhrmann Matz, steck Fenster Kopp heraus!"
Un Matz, dei kickt denn dörch de Ruten

Un süht en Russen stahn dor buten,
So 'n rechten ollen Unteroffezirer
Mit Degen, Kantschuh un so wider,
Un dei steiht dor un röppt em tau:
„Du Fuhrmann Matz, paß, was ich sag', genau:
Punkt morgen früh, Punkt Klock Schalg acht Uhr,
Fahrst Pferd mit zwei auf Markt Du vur
Die Leuchmant, Geldgebel un Kaptain
Un fahrst in Nowo-Strelitz 'rein,
Sie blank Dir fünfe Rubel biet.
Un wenn ich sag', was nich geschieht ….!" –
Hir langt hei nah den Kantschuh mit de Hand –
„Rosomi? Sag', hast mein Verstand?"
Wat süll hei dauhn? – den annern Morgen früh
Is Matz all up den Mark, un de oll Rosomi,
Dei stiggt nu up den Wagen 'rupper
Un giwwt em af un an en Swupper
Bald hir, bald dor, wo sick dat eben trefft:
Un Matz, dei denkt: Na, dit 's en schön Geschäft! –
As Leutnant un Kaptain nu kamen,
Un de Gesellschaft is tausamen,
Dunn geiht de Fohrt ok lustig af.
Matz führt tauirst en slanken Draf,
Doch wil de Weg tau dreckig wir,
Dunn jammern em tauletzt de Pird',
Un hei fängt an, en eben Schritt tau führen.
Dorvon wull nu de Russ' nicks hüren
Un seggt tau em: „Du Fuhrmann Matz, pascholl!"
„Ja," seggt uns' Matz, „dat seggst Du woll!
Is dat en Weg, entsamte Ekel,
Dat ick vir so 'ne lange Rekel
Hir in en slanken Draf kann führen?"
Ok hirvon wull de Russ' nicks hüren,
Ret Pietsch un Lin em ut de Hand
Un bædelt los för 't Vaderland,
Un blindlings slog hei mang de Mähren,
Un wenn uns' Matz em dat wull wehren,

Dat hei nich ümmer jog en Draf,
Denn kreg hei stets de Hälften af. –
As Rosomi em düchtig strigelt
Un em binah halw dod hadd prügelt,
So mör, as Einer warden kann,
Dunn kemen sei tau Strelitz an.
As Matz nu sine Rubeln hewwen wull,
Slog em de Russ' den Puckel vull:
„Da, Rubel," säd' oll Rosomi,
„Da, Rubel, Du! Das gut for Di!"
Na, wo 't so 'n Rubeln gewen deiht,
Dei stats tau klingen, eklig knallen
Dor künn dat Matzen nich gefallen;
De Rubeln smeckten doch tau säut;
Hei makt, dat hei ut Strelitz kamm
Un führt ganz sacht nah Bramborg t'rügg. –
Oll Schmuhl stunn vör dat Stargadsch Dur
Un dat Gelänner von de Brügg
Un lurte up den Luggedur,
Wil hei von den Verdeinst hadd hürt.
As Matz em dor süht up de Lur,
Seggt hei tau sick: „Täuw! Du ward'st angeführt!"
De Jud', dei kümmt un mahnt em wedder;
Matz stiggt von sinen Wagen nedder.
„Du hest mi," seggt hei, „in en schönen Trubel
Dörch Din verdammtig Klagen bröcht.
Wenn ick den Luggedur in russ'sche Rubel
Di nu betal, is Di dat recht?
Ick heww sei eben von de Russen kregen,
Un twors so vel, dat ick sei knapp kann drägen."
„Ja woll," seggt Schmuhl, „gieb her das Geld."
„Dat dacht ick mi. Süh! dat geföllt
Di woll?" säd' Matz un grep
Nah 'n Wagen 'rupper nah sin Swäp
Un tellte em, as müßt 't so sin,
In sine Jak en Dutzend 'rin:
„Heww 'ck ok kein Luggedur nich, Jud',

Tal ick Di russ'sche Rubeln ut.
Du seggst jo, 't is Di einerlei.
De sülw'gen Rubeln gew ick Di,
Dei mi betalt oll Rosomi,
Un wenn s' nich klingen, klappen sei."

De Unnerscheid

„Na, hür Hei, Bräuker, hüt kann Hei
Mal up den Ossenhandel gahn;
So as mi seggt, so sælen twei
Bi Kæhlern tau Voigtshagen stahn,
Un twei hett noch oll Bur Möller,"
Seggt Herr von Lanken taum Stathöller,
Un seggt em dunn genauer noch Bescheid,
Un Bräuker nimmt den Haut un Stock un geiht. –
Pird'handel is 'ne swere Sak,
Doch Ossenhandel ... un noch tau bi 'n Bur'n!
Dat glöwt mit tau, dat 's düller noch as dull,
Dor krigen s' Jug so eklig in de Mak,
Sei pumpen Jug dat Lif so vull
Von Bir un Bramwin, dat de Kirchenthurm
Jug as en Pipenpurrer laten deiht,
Ji 'n Himmel för en Dudelsack anseiht,
Dat Jug so ward tau Maud', as wir
Jug' beten Grips spaziren gahn,
Dat ji nich kænt up Juge Beinen stahn,
Un von 'up Ritzen gahn' is keine Red' nich mihr.
De ganze Handel kümmt dorup herut,
Wer as de Letzt föllt up de Snut.
Un wenn Ji Einen kennt, dei so 'n por Mandel
Von Sluck un Buddel Bir kann 'runnerströpen,
Den'n, rad' ick Jug, den'n schickt up 't Ossenköpen,
Denn dei versteiht sick up den Ossenhandel.
Oll Bräuker hadd en fasten Bregen,
Hei satt so grad' un stif un drünk so frisch
As em de Buren mang sick kregen,
Dat hei sei drünk all unner 'n Disch.
As nu was farig dat Geschäft,

Un sei sick hadden so verstännigt,
Dunn hadd uns' Oll vier Ossen köfft,
So 'n rechte Schüwer, rechte Riter;
De ein twors würd irst angebännigt,
Was eigentlich man noch Auditer,
Indessen was hei doch nich æwel,
Un drei von ehr, dat wiren backs'ge Knebel.
Oll Bräuker drift mit sine Ossen furt
Un is in Ganzen gaud tau Schick,
Doch de oll Bramwin hett sin Nück,
Un as 't en beten länger durt,
Ward em tau Sinn so schwerenothschen:
Em is, as fang'n de Ossen an tau danzen,
Un danzten vör em einen Schott'schen:
Un wat dat Düllst noch is: up einmal warden 't acht.
Wo Deuwel! Ne!... Wer hadd denn dit woll dacht!
Wo is dat mæglich! Ne! – Ganz düdlich süht 'e 's,
Söß Ossen danzen dor un twei Auditers.
Hei fängt nu an von Hühl un Hott tau schrigen,
Doch kann hei s' nich in Urdnung krigen,
Hei redt französch mit ehr, wil hei eins wir
Nah Frankreich west; dat helpt nich mihr,
As all sin Hühlen un sin Hotten;
Hei flucht: „Verfluchte Paterjotten!
Sche wöh wuh, Deiwelstüg, kuranzen."
Dat helpt em nicks, de ollen Ossen danzen.
Na gaud! Tauletzt, so dun, as Einer warden kann,
Kümmt hei tau Hus mit sine Ossen an.
De Herr von Lanken steiht jüst vör de Dör,
Un Bräuker drist sin Ossen vör
Un geiht nah sinen Herrn heran
Un will em up soldat'sch mal grüßen
Un will em doch mal recht bewisen,
Wo gruglich fin hei wesen kann,
Un as hei nu up em geiht los,
Dunn kriggt hei 't so, as mit en Swindel
Un liggt dor dal, grad' as so 'n Flickenbündel.

„Holt!" röppt hei. „Drösche wuh, seggt de Franzos'!
Dat heit up Dütsch: Holt! Heb' Dir in der Höhe."
„Er ist besoffen, wie ich sehe,"
Seggt Herr von Lanken, „Er ist dun,
Was soll ich mit so 'n Schweinehund thun?"
„Je, gned'ge Herr, dat seggen Sei woll,
Dat sünd so 'n Saken," seggt de Oll.
„Wenn unserein mal grad' nich steiht
Un sick mal einen tügen deiht,
Denn heit dat glik: 'Er Schweinehund, Er.'
Doch wenn so 'n vörnem, gned'ge Herr
Sick mal en rechten Düchť'gen tügt,
Denn heit dat blot: 'Wir waren sehr vergnügt.'"

Anners möt 't warden

„Ne, Schröder, 't geiht nich!" seggt de Schult,
„Ne, Vadder glöw Du mi,
Wenn so en Jeder reden wullt,
Denn wir 't all längst vörbi

De Obrig- un de Geistlichkeit,
Dei möst Du stets spectiren,
Un mit Din oll Rebelligkeit
Deihst Di blot rungeniren.

‚Schult', säd' uns' Herr Pastur tau mi,
‚Wir müssen 's auferhalten,
Un gegen Demokrateri
Aufstehen for dem Alten;

'Ne Stärkung for Regierung sein
Un for den hohen Adel:
Un nie un nie nich sall' uns ein,
Zu prätendiren Tadel.'

‚Herr Paster,' säd' ick, ‚Herr Pastur,
Ick mit min Fru un Kinner
Un mit min ganzes Inventur,
Wi meinen 't so nich minner.'

So möt dat bliwen, möt dat sin,
Süs kann 't nich assistiren!"
Un bos't sick in 'ne Wuth herin
Un spuckt un deiht handtiren.

Un kickt oll Schrödern gnittig an,
As künn hei 'n gliksten wörgen,
As wir all rip sin Vaddermann
För Dæms un för Dreibergen.

Dunn kümmt herin sin Ossenknecht:
„Schult, unsen schönen Weiten,
Den'n heww'n de willen Swin mal recht
Dalrangt – 'ne Schann'n tau heiten!"

„Wat?" röppt de Schult, „de willen Swin?
Dat möt de Düwel halen!
Un dat will 'ne Regierung sin?
Dorför sæl'n wi betalen?

Ick will doch glik taum Preister hen
Un will den Preister fragen:
Min schönen Weiten as 'ne Denn!
Ick will dat Amt verklagen!"

De Schult, dei löppt, bald is hei t'rügg
Un kratzt sick achter 't Uhr;
Oll Schröder grint; „Gevadder, segg,
Wat säd' de Herr Pastur?"

„Gevadder," seggt de Schult un kratzt
Noch düller as vörher,
„Bi den'n is ok wat 'rinner platzt,
Kamm ok wat in de Quer:

De Eddelmann möt all Johr
En fettes Swin em bringen,
So 'n richtig Hauptswin,
Grot un swor un fett vör allen Dingen.

Wat deiht nu uns' gaud' Eddelmann?
Hei schickt 'ne olle Sæg',

Dei 't Fauder nich mihr biten kann
Un ok kein Fauder kreg.

Nu schellt de Preister grüglich hüt,
Schimpt up den Eddelmann
Un flucht up all de Eddellüd', –
Dat heit, up Geistlich man."

Dunn steiht oll Schröder sacht tau Höcht:
„Na, makt Jug nich taum Naren!
Heww ick nich recht? – Wat heww ick seggt?
Möt 't denn nich anners warden?" –

An min leiwen Teterower

Ick ded' nu all so männig Läuschen
Ut Meckelborg de Lüd' vertellen,
Nu möt Ji 'ran; dat helpt Jug nich.
Ick lat mi nich von Jug begäuschen,
Ji mægt nu bidden oder schellen;
Wen dat nich jækt, dei kratz sick nich.

Ji hewwt so männig Stückschen liwert,
Dei sünd so snak'schen tau vertellen;
Ick glöw, ick krig ok ein taurecht.
Un wenn Ji Jug ok bos't un iwert
Un mi ok utverschamt dauht schellen;
Dat schad't em nich, as Pogge seggt.

Du darfst mi dat nich æwel nemen;
Ne, Teterow, ick kann 't nich laten;
Ne, Teterow, dat wir tau hart!
Ick müßt mi as en Pudel schämen,
Wenn ick mal güng dörch Dine Straten,
Min Bauk wir as en Hund ahn Start.

Nich von den Hekt, von 't Sodutmeten,
Nich von den Bull'n will ick berichten,
Ne, ick vertell hüt, wes't versichert,
Wenn Einer tauhür'n will en beten,
'Ne ganze ni von Jug' Geschichten,
Un dei is:

Von den ollen Blüchert

„Sei segg'n jo ümmer, Teterow,
Dat sall so'n leges Lock man sin;
Ick führte gistern Middag 'rin,
Dor stunn'n jo so 'ne Hüser in,
Dei stunn'n man dor, as stah man so."
„Ih, Krischan, von de Hüser nich,
Ne, von de Lüd' vertellen s'sick,
Dat dei so wat Absonderliches begahn;
Sei segg'n jo all, dei heww'n en Strich.
Nich wohr? Du ward'st mi woll verstahn.
Un mi is sülwst in Tet'row wat passirt,
Un tworsten dortaumalen wir 't,
As ick noch 'rümmer in de rode Jack
As Kutscher gung in Ivenack; –
Na, dat is nu all längst vörbi, –
Dunn säd' enmal de Graf tau mi: –
Verstah mi recht, ick red' noch von den ollen,
Wat desen sinen Vader wir –
„Jehann, min Sæhning," säd' 'e, „mache Dir
Ganz fixing p'rat, wir wollen
Noch heut nach Tet'row 'ræwer sprütten;
Treck Dir," säd' hei, „de nigen roth un witten
Kledaschen an un ok de gelen Büxen
Un denn die Kapp auf engelsche Manir
Un thu die Stäweln Dir auch wischen;
Denn süh, min Sæhning," säd' 'e, „wir,
Wir wollen heut den ollen Blüchert halen:
Das is vor uns 'ne große Ehre,
Un 's wär ein Streich, ein recht fatalen,
Wenn nu nich Allens proper wäre,
Das wär en Schimp un Schande," säd' e'. –

Ick halt denn nu de Schimmels ut den Stall. –
Un wenn ick Di dat seggen sall …. –
Doch wat sall ick doræwer reden? –
Wenn dei so 'ruter kamen deden
Mit ehre vinuntwintig Bein,
Dat Fü'r flog so man ut de Stein. –
Na, as ick kamm nah Tet'row hen,
Was dor en Wirken un Gerönn;
Dat was, as wir verrrückt en Jeder.
De Mätens hadden witte Kleder,
Un in de Hor en Blaumenkranz,
As wull'n sei glik heran tau Danz;
De Jung's, dei smeten mit de Mützen,
Sei schoten up de Strat Koppheister,
Un makten ganz verfluchte Witzen;
De Rathsherrn un de Herr Burmeister,
Dei hadden bunte Kledröck an;
De Köster un de Preister stunnen dor
In den Ornat, in den Tolor,
Un upfidummt was Jedermann.
Doch wat de Kniper was, dat was de statscht,
De Kirl, dei gung herüm so upsternatscht
Mit sinen blagen Rock un roden Kragen,
Dat ick so dacht: führt den'n Ein an den Wagen,
Un wenn hei Einen bi dat Roken fött,
Dat geiht hüt Morg'n meindag' nich gaud!
En Blaumenstruz hadd hei an sinen Haut
Un vör de Bost 'ne grot Pekett,
So as en gaudes Bündel Heu,
Un in de Ärmelupsläg ok noch twei,
Un will hei korte Hosen drog,
Un lange Stæwel d'ræwer tog,
So hadd hei noch in jeden einen
An sine leiwen hübschen Beinen
En nüdlich Strüzschen 'rinne proppt
Un noch vel Gräuns heranner stoppt.
De Kerl, dei makte gruglich Stat.

De Schüttengill stunn ok parat
In blagen Rock un blage Hos'
Un lurte up den ollen Blüchert.
De Weck ehr Slott was woll nich recht versichert,
Den Weck, dei schoten nu all los. –
Ick kihrt mi nich an ehr verdammtes Scheiten
Un führt nu vör den Gasthof vör,
So as mi uns' Herr Graf hadd heiten.
De Wirth, dei stunn jüst vör de Dör,
Un as ick nu em seggt, dat ick de Kutscher wir,
Dei Blücherten afhalen süll,
Dunn was hei mi ok glik tau Will
Un wis'te mi för mine Pird'
En Stallrum an. Ick treck ok 'rin,
Un as ick dormit farig bün,
Dunn stell ick mi denn up de Del,
Un kik en beten ut de Dör.
Un 't hett ok gor nich durt so vel,
So führt en apen Wagen vör,
Dor seten twei Herrschaften d'rin.
De ein, dat was en ollen Mann –
So'n sæb'ntig Johr müggt hei woll sin, –
Un hadd en gräunes Röckschen an
Un eine gräune Mütz upset't
Un hadd en witten Snurrbort, wittes Hor;
Sach ut, grad' as en oll Borbor,
Un hadd sick eine Pip anbött
Un rokte Di man noch so fett.
Dit würd de Kniper nu gewohr
Un kümmt heran in vullen Draf
Un will de Pip em nemen af.
„Her mit de Pip! Ick frage Sei:
Kenn'n Sei mi nich? Ick bün de Polezei;
Ick bün von wegen 't Roken hir;
Ick bün hir so as Magistrat.
Dit is mi denn tau dull doch schir:
An 'n hellen Dag hir 'rin tau smölen

Un apen, öffentliche Strat;
Dit fehlt mi noch! Dit süll mi fehlen! –
Her mit de Pip! Wo lang' sall ick noch luren?"
Ick denk, de Oll sleiht em eins mang de Uhren;
So kek de olle grise Mann
Den upgeputzten Kniper an.
Doch endlich, as besünn hei sick,
Namm hei de Pip un gaww sei hen
Un säd': „Dit is en lustig Stück!
Kreuz Bomben! Kindchen, wenn
Ick mir vergangen haben duh,
Hir is dat Dings, un laß mir nu die Ruh,"
De Kniper güng mit sine Pip nu af,
De Herrn, dei stegeb von den Wagen 'raf,
Un wullen nah 'ne Stuw herin.
„Ne, Herren," seggt de Wirth, dat kann nich sin,
De Stuwen hir, dei sünd bestellt,
Doch kænen Sei, wenn Sei 't geföllt,
In mine Achterstuw herinner treden."
Dat was de Oll denn nich taufreden,
Un as hei mi gewohrt in mine rode Jack,
Seggt hei: „Mein Sohn, büst Du aus Ivenack?"
„Ja, Herr" segg ick, „un sall den ollen Blüchert halen." –
„Na, hör', mein Sohn, der Blüchert, dat bün ick.
Nu mach' Dir Allens man zu Schick,
Wir woll'n uns machen uf die Sahlen,
Dat wir man hir heraußer kommen duhn;
Die Menschheit muß hier rein verwirrt sin!"
„Herr Jesus!" schriggt de Wirth. „Herr Jesus!" schreggt de Wirthin.
„Herr Gott doch ne!" seggt hei. „Herr Gott doch ja!" seggt sei,
„Dat kümmt von de verfluchte Polezei!"
„Fru! Leiwe Fru! Ick bidd Di blos!"
Fru, holl em wiß, lat em nich los!
Dat mi dat möt in minen Hus' passiren!
Fru, holl em wiß, de Gill sall glik passiren!
Legg Di up 't Snacken, up dat Bidden –
Sei möten glik de Klocken lüdden.

Fru, holl em wiß, ick hal den Magistrat!"
Un dormit löppt hei 'ruter up de Strat. –
Un nu de Ollsch! Wo knickst sei, wo scharmirt sei!
Wo red't s', un wo handtirt sei!
Wo handslagt s' mit de Hänn'n, wo dreiht s' dat Og',
Dat sei up ehre dreck'ge Kækenschört herunner slog,
Bet dat den Ollen jammern ded',
Un hei denn fründlich tau ehr säd':
„Na, lat 't man sind! Lat 't doch man sind!
Man nich dat oll Gejaumel, Kind!
Mich is all wabbelig genug im Magen,
Ick kann dat Swaltern nich verdragen."
Doch dat süll fiwmal anners kamen!
Knapp hett dat Frugensminsch den Rücktog namen,
Dunn kamm denn ok de ganze Swamm herann:
De Köster, dat Gesangbauk upgeslagen,
Un twintig junge Mätens gahn vöran,
Mit Blaumenkräns' in Horen Jeder,
Mit roden Band un witte Kleder,
Dunn kamm de Schüttengill: de General vöran,
In sine prächtige Mondur;
Dunn kamm de Oberst un Majur,
De Leutnants, Fähndrichs un Kaptehns –
Na, Krischan, hür, dat was wat Schöns! –
Dunn kemen twintig Unteroffezirer,
Dunn de Serschanten un so wider. –
Ick weit nich, wo sei All noch heiten. –
De vir Gemeinen kemen nich herin,
Dei blewen buten stahn un müßten scheiten.
Dunn kamm de Fru Burmeisterin,
Geputzt, grad' as 'ne Wihnachtspupp,
En siden Küssen up de Hand,
Oll Blücherten sin Pip lagg d'rup
Mit eine Sleuf von rosenroden Band.
Dunn kamm de ganze Magistrat
In sinen besten Sünndagschtat,
Un dorup folgte de Burmeister,

Un ganz tauletzt, dunn kamm de Preister
Un in de Husdör stunn dat Kopp an Kopp;
De Jung's, dei kemen in Galopp
Un drängten in de Husdör 'rin. –
Wo müggt denn nu de Kniper sin?
De Köster sung de Melodei:
'War's vielleicht um eins, war's vielleicht um zwei,
De Fru Burmeistern sackt sick in de Knei;
De General stunn dor mit sine Gill,
As wenn hei glik verörgeln süll,
De Rathsherrn swegen bomenstill,
As wenn sei up dat Rathus wesen deden;
Doch de Burmeister fung nu an tau reden:
„Durchlauchtigster! Du Sieger vieler Schlachten!
Dies is 'ne ecklichte Geschicht'!
Nimm's nich for übel! denn wir dachten,
Erhabenster, Du wärst das nicht.
Geh' nicht mit uns zu strenge in's Gericht! –
Oh, Teterow, du mußt dich schämen! –
Wir wollten festlich Dich begrüßen
Mit Ehrenpforten und Kanonenschüssen
Un müssen Dir die Pfeif' abnehmen!
Die holde, die erhab'ne Pfeife,
Die schön geschmückt mit rosenrother Schleife
Zu Deinen hohen Füßen liegt,
Die Du in mancher wilden Schlacht
Dir zur Beruh'gung angemacht,
Mit der Du immer hast gesiegt.
Durchlauchtigster, großmüth'ger Fürst!
Erbarme Dich! Nicht wahr? Du wirst
Dem hies'gen Magistrat nicht zürnen.
Nicht wahr, o Held, Du hast verzieh'n?
Sieh! rings um Dich gesenkte Stirnen,
Mein theures Weib hier auf den Knie'n
In ihrer vollen Schönheit Reise:
Sie reicht Dir zitternd Deine Pfeife,
In Wehmuth aufgelöset ganz.

Flicht Dir in Deinen Siegerkranz
Auch noch der Großmuth edlen Ruhm,
Nimm Dein erhab'nes Eigenthum,
Geh'mit uns gnädig in's Gericht. –
Es ist 'ne ekliche Geschicht'! –
Doch Tet'rows Bürgerschaft, sie kennt,
Was die Gerchtigkeit verlangt:
Dort steht der Bösewicht von Deliquent
Der Deine Pfeife sich gelangt;
Dort steht der niederträcht'ge Mann!
Nimm gnädig ihn zum Opfer an,
'Geh' mit ihm schrecklich in's Gericht:
Er war von je ein Bösewicht!
O Held, nur keine Gnade nicht!
Du Siegesfürst! Wir alle kannten
Ihn lange schon als Frevelanten,
Als einen sauberen Patron.
Sieh! Sein Gewissen regt sich schon.
Sieh ihn vor Schreck dort in den Winkel taumeln,
Erhabenster! Der Kerl muß baumeln!
Auf, Tet'rows Bürger! auf! man greife
Ihn, den die Hölle ausgespie'n,
Man fass'den Bösewicht und schleife
Ihn her zu des Erhab'nen Knien,
In dem er sich vergriffen hat.
Hierher! zu der unschuld'gen Pfeife,
Der stummen Zeugin seiner That."
Knapp hadd nu de Burmester slaten,
Dunn deden sei den Kniper faten:
En Growwsmidt un en Timmermann,
Dei slepten nu mit em heran.
Ach Gott, wo let den Kniper dat!
Tworst was hei noch in vullen Stat
Un hadd naoch all sin Blaumenstrüz
An Kopp un Bost, an Bein un Stüz,
Doch was hei jetzund jedenfalls
All gänzlich kamen vör de Hunn'n:

Sin Hänn'n, dei wiren up den Puckel bunn'n
Un einen Strick hadd hei üm sinen Hals.
As wenn so 'n Pingstoß dörch de Stadt,
De schönste ut de ganze Haud',
Taum Slachten 'rümmerleddet ward,
So let den ollen Kniper dat,
Un so was jüst em ok tau Maud'.
Em würd bald slimm, em würd bald æwel,
De Bein, dei slackerten em in de Stäwel,
As sei em würden 'ranner schuppen;
Un sweiten ded' hei grote Druppen. –
Dor stunn hei nu, de arme Sünner,
Un achter em sin Fru un sæben Kinner,
Dei wiren up de Knei dal follen
Un rohrten, wat dat Tüg wull hollen. –
Oll Blüchert, dei stunn ruhig dor
Mit sinen witten Bort un mit sin wittes Hor,
Un kek sick bald den Jammermann
Un bald den herrn Burmeister an,
As wenn hei nich recht weiten ded',
Wat Allen dit bedüden süll.
Bi den Burmeister sine Red',
Dor grifflacht hei sick heimlich in de Still,
Doch as de Kniperfru un ehre Gören
Nu an tau rohren fangen deden
Un as de Kniper vör em stünn,
Grad' liksterwelt as Botter an de Sünn,
As so en afgebräu'ten Hund,
Dunn würd de Sak em doch tau bunt.
„Wat soll dat sind?" säd' hei, „jeht man nach Haus!
Ick kümm're mir och nich die Laus
Um die oll dæmlich Rökerbüß.
Ick hab jerocht; dat is gewiß!
Der Mann, der hat janz Recht gehabt,
Als er die Pfeif' mir weggeschnappt. –
Dat is nu einmal schon geschehn. –
Nu laßt den armen Deuwel jehn!

So, so! mein Sohn, nu jeh' man weck,
Da hast en Daler for den Schreck."
Nu fung denn de Burmeister wedder an:
„Großmüth'ger Held! Erhab'ner Mann!..."
„Ei wat," säd' nu de Oll, „laßt mir in Ruh:
Ick bin kein Held, ick bin der olle Blüchert,
Un wenn ick mal wat duhen duh,
Wat mit de Polezei sich nich verdrägt,
Denn jlobt mir zu, denn seid versichert,
Dat mich denn och 't Jewissen schlägt;
Ick jeb' denn meine Straf och willig.
Wat Enen recht is, is den Andern billig!
Ihr habt dat Dings mir abjeluchs't,
Der olle Schmurjel is verfuchs't."
Un as hei nu de Fru Burmeisternsach,
Dat sei noch up de Knei dor lagg,
Dunn säd' hei fründlich: „Laßt man sind!
Scharmantste, stehn Sie uf, mein Kind!
Ick janz zahm, ick duh nich beißen;
Wat soll dat olle Rutschen heißen? – –
So, so! Nu jeb'n Se mir en Kuß:
Der olle Blüchert weeß, wi 't muß."
Un as sei upstunn von dat Flag
Un hei ehr in de Ogen sach,
Un as hei dat irst würd gewohr,
Dat sei en smuckes Wiwken wir,
Dunn gaww hei leiwerst ehr en por
Un nahsten noch en Stück'ner vir
Un säd': „Dat muß ick injestehn:
Wenn och de Mannsleut'sind verschroben,
So muß ick doch dat Städtchen loben,
Denn seine Weiber sind doch schön,
Wat ick seit heut beschwören kann. – –
Nu, Ivenacker, nu spann' an!"
Na, ick hadd dat denn ok sihr hild.
Ick spannte fixing an de Mähren,
Un as ick führte vör de Dören,

Dunn was denn ok ganz Tet'row wild.
De ganze Stadt, dei was as dull,
De Straten stunn'n proppen vull,
Kein Minsch was in de Hüser blewen,
Sei wiren 'rut mit Stump un Stel
Un schregen all ut vulle Kehl:
„Un de oll Blüchert, dei sall lewen
Un Fru Burmeistern ok dorneben!"
Un hadden einen wohren Giper,
Sick alle dankbor tau bewähren;
Un up de Pump, dor satt de Kniper,
Sin Fru un sine sæben Gören,
Un hadd 'ne Buddel in de Hand
Un drünk dorut för't Vaterland
Up de Gesundheit von den Ollen,
Bet selig hei herunner follen. –
Oll Blüchert wull von nicks mihr weiten,
Von Vivatraupen un von Scheiten,
Hei makte swinn'n sick in den Wagen
Un ick müßt ut de Stadt 'rut jagen.
Doch hadd wi noch 'ne lütte Haveri,
Denn allentwegen kemen s' bi
Un smeten uns mit Blaumen un mit Gras,
Un 'Kling'! smet so en glupschen Flætz
Von Schausterjung'dörch 't Finsterglas
Von mine Kutsch den Ollen an den Dæts.
Hei wull doch smiten ok en beten
Un hadd mit Sünnenblaumen smeten. –
So, Krischan, was de Sak, un so
Güng 't Blücherten tau Teterow." –
„Na, Jochen Ahlgrimm, dat möt ick gestahn,
Dat is em idel narsch dor gahn.
Wo is sin Pip denn æwerst blewen?"
„Je, Krischan, süh! dat was dat eben;
Dor künn'n sei sick nich üm verdragen
Un 't kamm tauletzt gor bet taum Klagen.
De Fru Burmeisterin hadd seggt,

Sei hadd de Pip geschenkt bekamen;
De Kniper säd', dat wir sin Recht,
Hei hadd s' den Ollen afgenamen;
De Herr Burmeister æwer säd',
Hei hadd s' verdeint för sine Red'. –
Nah langen Strid, nah lange Tid indessen,
Nah vel Verdreitlichkeiten, vel Prinzessen,
As sei nich wüßten, wat dormit anfängen,
Dunn kemen s' endlich æwerein
Un deden s' in de Kirch uphängen;
Dor kannst Du s' hüt noch hängen seihn:
Grad' an den Altor. Up dit Flag
Hängt sei noch bet taum hüt'gen Dag."